NO LES VA A GUSTAR 1

2 <u>NO LES VA A GUSTAR</u>

NO LES VA A GUSTAR

Rafael M. Martos

Rafael M. Martos, es director del periódico digital
Noticias de Almería www.noticiasdealmeria.com,
en la red desde febrero de 2009.
Es periodista licenciado por la Universidad
Complutense de Madrid en Ciencias de la Información.
Ha dirigido, entre otros medios, el Diario de Almería
(periódico provincial diario y gratuito que logró la
mayor difusión de la prensa escrita provincial),
y también El Telegrama de Melilla
(fundado en 1902 y que bajo su dirección fue el primer
medio digital de la Ciudad Autónoma).
Con anterioridad ha trabajado como
redactor o jefe de redacción tanto en
periódicos, como televisión, radio y
agencias de noticias.
Ha sido y es contertulio habitual en
algunos medios de comunicación
provinciales.

ISBN-13: 978-1981105915
ISBN-10: 1981105913

<u>NO LES VA A GUSTAR 7</u>

8 NO LES VA A GUSTAR

A modo de entrante

Procedería por mera cortesía, comenzar dedicando las siguientes páginas a quienes las han hecho posible por su colaboración de un modo u otro, pero creo hacerles un favor ocultando sus nombres. Incluso agradecerán no ser mencionados quienes me han alentado primero estos artículos y luego me han animado a recopilarlos en un libro. Agradecerán también no ser mencionados tanto quienes me han felicitado como quienes me han amenazado.

Lo que está claro es que si aún así se animan a seguir la lectura, pronto comenzarán a entender el título, y a poner los nombres y apellidos de todos aquellos a los que no les va gustar.

No les va a gustar a personajes relevantes de esta provincia que tienen acreditado un currículo cuando menos sospechosamente maquillado, y que ocupan las primeras páginas; no va a gustar tampoco en ciertas instituciones tradicionalmente incuestionables porque se evidencian algunas de sus miserias; y no, tampoco va a gustar a algunos compañeros de profesión.

Tres años después de que decidiéramos poner en marcha el proyecto "Noticias de Almería", un periódico digital bajo el dominio www.noticiasdealmeria.com en el que la provincia sería la única protagonista, creemos haber logrado uno de nuestros objetivos, que no era otro que ser el referente informativo.

Nuestra principal apuesta iba a ser la información propia, pero más allá de ella, la idea era publicar reportajes de investigación, contar lo que otros no cuentan, o contar lo que cuentan otros pero de otra forma.

En ese sentido han sido tres años de crecimiento continuo en lectores, hasta alcanzar en estos momentos el millón trescientas mil noticias leídas al mes; y eso sólo con referencias almerienses.

Se recogen aquí artículos de opinión firmados por mi pero basados en informaciones ya publicadas en el periódico, en ocasiones a lo largo de una semana, pero que en general tienen su interés extra en que se narra la intrahistoria de cada una de ellas. Es decir, cómo llegó la primera pista de lo que luego se acabaría transformado en una serie de reportajes, o qué pasó tras la publicación de los mismos, las veces en que hubo presiones, las veces que hubo llamadas de queja o reconocimiento, cuando hubo mails o sms de apoyo o rechazo.

Hay que destacar que desde la modestia de un medio de comunicación local, bastantes de nuestras primicias y exclusivas han acabado en otros medios, citándonos unas veces, y otras sin hacerlo, en unas ocasiones sencillamente copiando y pegando nuestro trabajo, y en otras recogiendo reacciones o valoraciones sobre lo publicado.

Aquí van a encontrar historias muy jugosas -no es una inmodestia, es sólo el resultado de analizar las estadísticas de visitas de lectores que han tenido- y que otras, tal vez, no entiendan a qué viene. Bueno, en ese segundo caso, espero que el comentario posterior les aclare las cosas, pero en general se trata de haber pillado el engaño o la trampa que nos hace el político en cuestión cuando juega con fechas o cifras para crear su propia realidad, esa que nada tiene que ver con la conocida por todos; son presupuestos increíbles, estadísticas falseadas y cosas similares. Pero también verán alguna que puede ser sólo la excusa para recordar más cosas acontecidas en esa administración o en esa institución.

Algunas de estas historias que aquí ofrecemos han acabado siendo tratadas de un modo u otro tanto en el Congreso de los Diputados como en el Parlamento de Andalucía, ya sea en preguntas o en mociones por parte de distintos grupos políticos.

Otras, es verdad, han sido totalmente obviadas, y por eso también era importante que quedaran recogidas en un libro, para que no desaparezcan en las profundidades de internet, unas veces porque no se lo merecen los protagonistas y otras porque no se lo merece la ciudadanía.

Sinceramente muchas gracias, a los compañeros que nos leen cada día, a los que nos echan una mano, a los que nos refieren, a los que preguntan en las ruedas de prensa por las cosas que publicamos... gracias.

Gracias también a quienes nos cuentan cosas, a quienes nos ayudan a contrastarlas, a quienes se interesan por ellas.

Gracias a mi familia -aunque resulte una cursilada- por su comprensión ante las horas que les robo a causa de mi trabajo, porque saben lo mucho que me apasiona, porque pese a que el periodismo es a día hoy más peligroso que el funambulismo, están a mi lado.

Gracias a ti, porque sé que a ellos no les va a gustar.

TEMAS:

1)   El expediente X del delegado de la Junta en Madrid
2)   El lobby sexual de Manuel Lucas
3)   Demasiado listo para el cargo
4)   Ubicuo Balaguer
5)   Un alcalde presionado
6)   El caso abierto de Teresa Esquivias
7)   No nos podía faltar un ERE
8)   Plus de vivienda
9)   El pisito de las conspiraciones
10)   La UAL no les pide perdón
11)   La UAL también regatea
12)   Pillados en la auditoría
13)   La Universidad de los despropósitos
14)   Pastores a precio de universitarios
15)   Armas peligrosas
16)   Armar al enemigo
17)   Lo que cuesta una Q
18)   Decían que gobernar es priorizar
19)   Todos al asalto de los presupuestos
20)   La solidaridad bien entendida
21)   Seis millones de nada
22)   Consorcio prescindible de Almería
23)   Oficinas con vistas al Poniente
24)   La voz del amo
25)   Pero que mal huelen

26)   Rynair le echa morro
27)   No salen las cuentas
28)   Revelador silencio sobre la Extreme Sailing
40 Series
29)   La publicidad y las elecciones
30)   Haciendo limpieza
31)   Para salir volando
32)   Tarjeta roja
33)   Multa que algo queda
34)   Desaparecido y encontrado

EL EXPEDIENTE X DEL DELEGADO DE LA JUNTA EN MADRID

A medida que fuimos publicando en Noticias de Almería la historia de Julián Martínez García, delegado de la Junta de Andalucía en Madrid, mayor ha sido el asombro causado por su singularidad. Es increíble el cúmulo de despropósitos que se acumulan y que parecen causar sólo indiferencia en la administración.

Es evidente que alguien que logra que cuando a su novia la trasladan a Madrid de ministra, le monten a él un chiringuito para irse con ella, no es un don nadie. Quizá eso explique que haya pasado todo lo que hemos venido contando y que nadie haya respirado.

En un breve resumen podemos recordar que Martínez fue la persona escogida por la Junta de Andalucía para hacer una prospección arqueológica a raíz del hallazgo de una galeota en Los Escullos. El motivo de su elección para este trabajo algunos sospechan que tenía que ver con estar emparentado vía marital con un alto cargo del Gobierno andaluz de la época... socialista él, claro. La proyección que podía tener este trabajo en la carrera de el entonces joven arqueólogo no es algo que pueda pasarse por alto.

El caso es que a estas alturas de la película, casi veinte años después, la Junta de Andalucía se niega a facilitar al descubridor de la galeota, José Santos Urquiza, el expediente que debió elaborarse con motivo de la prospección, en el que entre otras cosas debe aparecer exactamente qué se encontró, qué valor tienen las piezas, qué se ha hecho con ellas (qué se dejó abajo y qué se subió para su análisis) y dónde están.

Pues si de eso no se sabe nada, de lo que sí se sabe es de la parte económica de la historia. Y es que Martínez recibió dos subvenciones de la Junta para poder hacer el trabajo en cuestión, dato que se conoce de modo indirecto, ya que la justificación de ese dinero debe estar en el famoso informe que la Junta de Andalucía se niega a soltar.

Las subvenciones se conocen porque él mismo informa del número y cuantía ante la Inspección de Trabajo cuando es denunciado por no tener contratados a cinco buzos y tampoco pagarles la Seguridad Social. Es decir, Martínez recibió dinero público para hacer un trabajo pero no cumplió con la obligación de dar de alta a sus trabajadores.

Resulta también sorprendente que cuando es denunciado por esta cuestión por Urquiza, la Inspección de Trabajo le responda que no le acepta la denuncia, que sólo la tramitará si hay una sentencia condenatoria sobre Martínez. A ver, para que haya sentencia tendrá que haber juicio, y para haber juicio habrá que aceptar la sentencia ¿no?

Finalmente sí hubo sanción al arqueólogo-empresario, gracias a que el Defensor del Pueblo intervino en el caso e instó a que se investigaran los hechos.

La sanción tampoco fue muy allá. se limitó exclusivamente a obligar a Martínez a pagar la Seguridad Social impagada, cosa que... parecer ser que no hizo.

Mirando el documento que contiene la vida laboral de los buzos, podemos observar un detalle extremadamente curioso, y es que por el tiempo que trabajaron con el famoso personaje, cotizaron cero días. Seguro que a muchos empresarios les interesará conocer cómo pudo lograrlo, pues ahí va el truco: se trata de poner como fecha de alta en la empresa una posterior a la baja. Sí, a uno le dan de alta el 28 de febrero y de baja el 20 de febrero, días cotizados: cero.

Quizá ese sea el motivo por el que cuando en junio de 2009 se pregunta a la Inspección de Trabajo en Almería si se ha cumplido con esa sanción, la respuesta es que el citado expediente "no consta" en sus archivos.

Y con esto volvemos al principio. ¿Cuál es la razón de que la Junta de Andalucía no facilite al descubridor de la galeota sobre la que Martínez hizo la prospección el informe correspondiente? ¿Cuál es la razón de que en 2011 siga sin responder a las insistentes preguntas de quien encontró unos restos arqueológicos que ocuparon portadas y portadas de periódicos locales, que permitieron a consejeros socialistas hacerse bonitas fotos en Los Escullos? ¿Dónde están los restos extraídos del fondo del mar?

¿Qué se hizo con lo que quedó en el fondo? ¿Donde está la documentación de la subvenciones? ¿Donde está la justificación de su gasto? ¿Dónde estaba la Inspección de Trabajo cuando tenía cinco trabajadores sin dar de alta? ¿Cual es la razón de que la Inspección de Trabajo se negara a admitir una denuncia por tener trabajadores de modo ilegal cuando luego acabó haciéndolo, demostrándose que la primera negativa carecía de sentido legal? ¿Cómo es que en cinco casos de la misma empresa "Julián Martínez García" se produce esa extraña cotización en la que al final los días cotizados son cero y la Seguridad Social no se percata? ¿Cómo es que años después eso sigue igual y la Seguridad Social sigue sin percatarse? ¿Cómo es que cuando se pregunta por este expediente sancionador resulta que la respuesta es que "no consta" en los archivos?
¿Es esto o no un Expediente X?

[Este fue uno de los asuntos publicados por Noticias de Almería que más ha corrido -y lo que te rondaré morena- hasta acabar en el Parlamento de Andalucía gracias a las preguntas de la parlamentaria del PP Arancha Martín, y también en las artículos y comentarios de la prensa de papel, y que fue recogido con títulos como "El pasado cazatesoros del novio de Bibiana Aído" (El Mundo Andalucía).
La respuesta del Gobierno andaluz fue ninguna para unos aspectos e imprecisa para otros, a pesar de la oficialidad del cuestionario. Así, resulta que el pecio

efectivamente se quedó allí, en el fondo, sin control ni vigilancia, pero eso sí, protegido por una ley de reciente creación en el momento de la respuesta parlamentaria, en caso de que hubiera aún algo ahí abajo ya que había transcurrido alrededor de dos décadas. Lo rescatado está inventariado y guardado, pero no puede ser visto ni por quien lo descubrió ni por nadie, eso dice el consejero.

Por último estaba lo que -también haciéndose eco de nuestros reportajes- fue titulado en Libertad Digital como "el novio de Bibiana Aído reinventa la Seguridad Social". De eso no tenemos respuesta oficial, pero sí que podemos decir que uno de los buceadores se puso en contacto con Noticias de Almería para confirmar que efectivamente, a esas fechas -y ya había llovido incluso aquí desde que ocurrió- todavía no había cobrado... ni esperaba hacerlo. Añadió algunos calificativos hacia tan singular personaje, pero no los vamos a reproducir por si hay niños delante.

Si la embajada en Madrid la creó el padrino de la niña Bibiana, Manuel Chaves, su sucesor a título de presidente del Gobierno andaluz, José Antonio Griñán - también conocido como "Llamadmepepe"- no sólo mantuvo la situación, sino que tras las elecciones autonómicas de marzo de 2012, los recortes junteros no pudieron con la eliminación de tan suntuosa delegación.

No sería hasta el mes de octubre de 2012 cuando finalmente Julián Martínez fuera destituido por "Llamadmepepe", si bien no se ha alegado ninguna razón concreta, tampoco se sabe de una nueva colocación, aunque cuando lo publicamos no faltó quien comentara que ahora le buscarían algo en la ONU, allá donde se ha ido Aído, como "asesora estratégica" de un órgano de mujeres al que siendo ella ministra "donó" varios cientos de millones de euros.

Por cierto, la embajada andaluza en España sigue abierta, tal vez para gestionar más de cerca el rescate económico de nuestros bonos-basura.

Ya puestos, vamos a aportar unos datos sobre esta oficina tan peculiar sobre los que estuvimos investigando, y que con un coste anual de medio millón de euros presentó un balance de actividad que se resumía en la "asistencia" a 40 actos sociales... lo que nos da un coste medio de 12.500 euros por cada uno.

La "embajada" está ubicada en el número 15 del Paseo de la Castellana de 382 metros cuadrados, y el alquiler es de 156.152 euros anuales, más 12.000 euros para limpiarlo. Esa cifra se fijó al renovarlo en octubre de 2010 por un periodo de cinco años, y aunque los precios estaban bajando, en este caso se produce un incremento, se sube el IPC más el 2% Hay también un Peugeot 607 adscrito como coche oficial -cuyo conductor cobra 33.634 euros anuales- y cinco plazas de garaje alquiladas, que se aumentaron coincidiendo con la renovación del contrato.

Además del señor Martínez, el equipo lo componía al menos un técnico con salario de 44.336 euros anuales, y dos administrativos a 33.000 euros anuales.

Esos sueldos y costes se refieren a 2009 porque a estas alturas es imposible conocer los datos actualizados.]

EL LOBBY SEXUAL DE MANUEL LUCAS

Mentiría si no reconociera que siempre ha sido uno de los delegados de la Junta de Andalucía que mejor me han caído, por lo que obviamente la información publicada en Noticias de Almería sobre Manuel Lucas Matheu y la Sociedad Española de Intervención Sexológica (SEIS) que preside no tiene más fin que el contar algo que pasa y que, desde nuestro punto de vista, es noticiable. Bueno, desde nuestro punto de vista desde el de más compañeros que por unos u otros motivos nos han contado las razones por las que no se han hecho eco de ella.

Lo cierto es que más allá de presuntas incompatibilidades legales, o más allá del posible lucro personal en todo esto, lo que sí queda en evidencia es que -como mínimo- no es estético.

Más allá de si la asociación que preside el delegado ha percibido o no dinero en efectivo de la Consejería de Salud y de la Fundación Iavante de la Junta de Andalucía, resulta poco ético que patrocine tres cursos que imparte. Así aparece en la web de SEIS, tal como reflejamos en la información de modo gráfico, con la palabra "patrocinio" y todo.

Desconocemos en qué consiste el "patrocinio" en cuestión, pero lo que está claro es que objetivamente debe tener una cuantificación económica, se pague o no en dinero. Y es que los profesionales que imparten los cursos no lo harán gratis, se supone.

Una cosa es dar una conferencia un día y otra impartir tres cursos.

Pero es que si llamativo resulta que la Junta patrocine cursos que imparte la asociación que preside un delegado, no lo es menos que éste y su directiva sean los encargados de ofrecer todas las charlas y conferencias sobre cuestiones sexológicas en los distintas ediciones de los Cursos de Verano y Otoño de la Universidad de Almería. Sorprende, insisto, que no haya más sexólogos en todo el Mundo que los de la asociación que preside el delegado de Salud de la Junta de Andalucía.

Lo habitual es que quienes imparten esos cursos cobren por ello. Es posible que el delegado no lo haya hecho (estoy convencido de esto) pero la imagen de lobby que ha generado es muy clara. O estás en SEIS o no te comes un colín (con perdón por lo de comer y con perdón por lo de colín).

A eso hay que sumarle que son también sus compañeros de asociación y él mismo, quienes están al frente del título propio de la Universidad de Almería de educador en sexología durante dos ediciones seguidas. Nuevamente nos encontramos en que no hay más sexólogos en todo el Mundo Mundial para hacerlo que los que forman parte de la asociación del delegado de Salud de la Junta de Andalucía (puede que se haya colado algún "intruso" como en los ERE de la Junta, y no lo hayamos descubierto).

Nuevamente habría que apuntar que es posible que el delegado no cobre por ser coordinador de este título, pero no parece que sus compañeros de asociación y profesores del mismo, lo hagan por altruismo. En fin, cada cual debe vivir de su trabajo, y ser sexólogo lo es, y en este caso parece que estar en la asociación que preside el delegado de Salud de la Junta de Andalucía tiene premio.

Pero junto a este lobby sexual que bueno, salta a la vista de cualquiera, hay que añadir un dato preocupante. Según la ley de incompatibilidades de altos cargos, los delegados no pueden dedicarse a la docencia, y claro, entender que ser coordinador de un título de la UAL no es "docencia" pues... es curioso. Mucho más curioso desde luego, que entender que impartir conferencias en los cursos de verano y de otoño y alguna charla más entremedias, es "esporádico", y poner en su declaración de bienes e intereses que cobra por dar charlas pero luego decir a quienes le pregunta que no lo hace, es un contrasentido... si no tiene intención de cobrarlas, no se entiende que ponga que lo hace, ni siquiera que lo pone ante la posibilidad de poder hacerlo en algún momento.

El trabajo de delegado tiene, por ley, dedicación exclusiva y absoluta... pero hay excepciones, ya vemos.

[Manuel Lucas ya no es delegado de Salud en Almería. Gracias a su habilidad para ponerse de perfil en los momentos complicados de su partido y de frente en las fotos ha ido aguantando remodelación de gobierno tras

remodelación de gobierno, con Manuel Chaves y con Pepegriñán (también conocido como "Llamadmepepe").

Pero en fin, algún día tenía que ser ¿no? El caso es que la consejera de Salud María Jesús Montero no ha dejado caer a Lucas, no. Le ha creado un puestecito nuevo, se encarga de estudiar la optimización de los recursos sanitarios en Andalucía, algo que según él mismo asegura, lo haría desde Almería, desde una oficina sin gastos de ningún tipo... eso sí, él seguiría cobrando.

Y no crean, su trabajo ha cundido porque Montero ha reducido desde entonces un 46% los cargos directivos del Servicio Andaluz de Salud, al tiempo que afirmaba que los usuarios "no lo van a notar". La pregunta entonces es qué estaban haciendo quienes cobraban un mínimo de 45.000 euros anuales (para enterarse de los sueldos hemos tenido que hacer la cuenta inversa, es decir, si quitando siete se ahorran 450.000 euros, eso significa que...)

Respondió el delegado en otros medios a estas informaciones, afirmando que no cobraba por nada de lo que hacía, que todo era altruista, y que pese a las imágenes publicadas previa captura de la web de su asociación, negó que hubiera ningún patrocinio por parte de la Junta de Andalucía. Tal vez también eran altruistas los artículos periódicos en diversas publicaciones sobre temas de su competencia académica.

Pero sin lugar a dudas es la Universidad de Almería la que tiene una mayor deuda con él, ya que ser profesor gratis de un máster es altamente elogiable, y obviamente su cargo en la administración andaluza no tiene nada que ver con el hecho de que se pusiera en marcha esta enseñanza tan poco usual en otras universidades, como tampoco tiene nada que ver que los miembros de su asociación casualmente sean quienes lo impartan, y que además también se cuente con ellos para cursos de otoño y verano; es una suerte estupenda para estos profesionales que sin duda habrían logrado lo mismo sin estar en la entidad del delegado de Salud.

Más sorprendente resulta que, negando el propio Lucas estar desarrollando una tarea "docente" -que resultaría incompatible con su cargo de delegado- la propia Junta premie la labor "docente" del delegado que no ejerce la "docencia", y que lo haga desde la Fundación Iavante, que depende de la Consejería de la que él es delegado.

Pero hay más premios. ¿Adivinan en quién recae el premio de investigación sexológica de la UAL? Pues en una investigadora dirigida por la sexóloga de la directiva de SEIS Inmaculada Fernández Agis.

¿Y adivinan si hay familiares del delegado también beneficiados con la impartición de cursos, charlas y demás, montados por la UAL?

Seguramente el altruismo también está en el ánimo de esos sexólogos y ellos tampoco cobren. Si cobraran, uno podría pensar que entran en la asociación con la idea de impartir esas enseñanzas y ganar dinero, creyendo tal vez que si no están en la asociación del delegado les estaría vetada esa docencia. Puro altruismo, sin duda.]

DEMASIADO LISTO PARA EL CARGO

El delegado del Gobierno contra la Violencia de Género, el almeriense Miguel Lorente Acosta, publicó en 2001 el libro "Mi marido me pega lo normal", y en él se ofrecen una serie de datos estadísticos de suicidio que pretenden demostrar que las mujeres recurren más a esta acción extrema que los hombres, cuando en realidad es justo al revés, según pudo contrastar Noticias de Almería.

En la página 119 de este volumen editado por Ares y Mares, se dice dentro del capítulo "La esclavitud del maltrato" que "La Tasa de Suicidios en España referida a Hombres y Mujeres presenta una media situada alrededor de 2,1 suicidios por cien mil habitantes. Esta misma tasa referida exclusivamente a la población de mujeres es de 4,1 suicidio por cien mil mujeres". Estos mismos datos son luego reproducidos en la página 197 y en la 198, en el capítulo "Suicidio y agresión a la mujer".

Es decir, que las mujeres vendrían a suicidarse el doble hombres y mujeres juntos, cuando no es eso lo que aportan los datos reales. En realidad, y como se puede contrastar, en los datos del Instituto Nacional de Estadística, siempre los hombres recurren al suicidio en una proporción que suele duplicar a las mujeres. Así en el año de referencia del libro, 1997, la tasa en hombres era de 12, y la de mujeres el 3,6, mientras que al año siguiente, en ambos bajó levemente.

Pero si nos vamos a los datos de la Organización Mundial de la Salud, observamos que el índice de suicidios de hombres en todo el mundo es sistemáticamente superior al de mujeres desde 1950.

Otro punto en el que el libro que firma quien en 2002 recibiría la medalla de Oro de Andalucía de manos del entonces presidente Manuel Chaves por "el trabajo constante y honesto", presenta una manipulación, es en el referido a los motivos del suicidio en el caso de las mujeres.

Así, en la página 119 el autor afirma que "en las consecuencias que el maltrato tiene en el terreno de la salud publica, hemos recogido que entre el 20% y el 40% de las mujeres que se suicidan cada año habían sufrido malos tratos", y pese a que no aporta ahí ningún referente estadístico concreto como fuente, en la página 106 ya había mencionado algo similar: "Según datos de UNIFEM (United Nations Development Fund for Women, Fondo de las Naciones Unidas para el desarrollo de las mujeres), de un 20% a un 50% de las mujeres en una sociedad han sufrido alguna agresión por parte de un hombre en algún momento de su vida".

Lorente le da la vuelta al argumento en su análisis, y de exponerse que entre el 20% y el 50% de las mujeres del Mundo sufren algún tipo de maltrato, él extrae que entre el 20 y el 40% de las mujeres que se suicidan han sufrido algún tipo de malos tratos".

Miguel Lorente Acosta nació el 7 de octubre de 1962 en Serón, y es Doctor en Medicina y Cirugía y Médico

forense por oposición desde 1988. Profesor Titular Habilitado de Medicina Legal de la Universidad de Granada. Es especialista en Medicina Legal y **forense**, y en el momento de publicar esta información en Noticias de Almería era Delegado del Gobierno para la Violencia de Género en sustitución de Encarnación Orozco.

Antes de llegar a ese cargo para el que le nombró un gobierno socialista, había sido director general de asistencia a las víctimas de malos tratos de la Junta de Andalucía, nombramiento también formulado por otro gobierno socialista. Pero sin duda su cualificación para el puesto quedaba demostrada por algo más que su manipulación de datos estadísticos, ya que si por eso fuera podría haber acabado dirigiendo el Centro de Investigaciones Sociológicas (CIS).

Lorente, nacido en Serón pero vinculado profesionalmente al Alto Almanzora, fue nombrado por sistema de libre designación director del Instituto de Medicina Legal de Granada, según la Resolución de 12 de julio de 2003 que firma el delegado de la Consejería de Justicia de la Junta de Andalucía en Granada, José Luis Hernández Pérez.

La preparación de Lorente para el cargo viene avalada por un hecho significativo, y es que sólo cinco meses antes se presentó a un concurso-oposición para ser jefe de clínica de ese mismo Instituto y suspendió, según otra Resolución de 23 de febrero de 2003.

Gracias a esta situación, Lorente ha podido

compatibilizar su sueldo en este puesto con otros, ya que el 28 de febrero de 2003 es nombrado vocal de la Comisión de Ética e Investigación, y luego además entra en la Comisión Andaluza de Genética y del Consejo Rector del Observatorio de Convivencia Escolar.

Más significativo aún es que pese a suspender para jefe, luego acabara siendo nombrado coordinador general de los Institutos de Medicina Legal de Andalucía.

Fue Director del Instituto de Medicina Legal de Granada y Coordinador General de los Institutos de Medicina Legal de Andalucía, cargos ambos de libre designación para los que fue nombrado pese a que cinco meses antes no superó la prueba para ser jefe de clínica.

Desde diciembre de 2006 a 2008 ha sido Director General de Asistencia Jurídica a Víctimas de Violencia de la Consejería de Justicia de la Junta de Andalucía.

Posee numerosas publicaciones dedicadas especialmente a la violencia contra la mujer, la bioética y el análisis del ADN.

[Resulta bastante patético comprobar cómo se afianza el currículo de algunas personas al calor de la política. Cómo alguien a quien se considera inadecuado para un puesto al que aspira por méritos, es luego designado para otro superior gracias a su filiación política, a sus

relaciones familiares o sus amistades. Podemos recordar el caso -desde luego no escandaloso pero también peculiar- de un aspirante a rector, Javier de las Nieves, que tras perder las elecciones que volvió a ganar Alfredo Martínez Almécija, fue designado por el Gobierno andaluz socialista delegado en Almería de la Consejería a cuyo ámbito estaba adscrita la Universidad. Es decir, que el dedo del Gobierno lo puso por encima de donde le habían rechazado los votos.

Otro asunto que también desvelamos en su momento fue el de una mujer, alto cargo del Gobierno andaluz, nombrada para un puesto en el que era requisito ser funcionaria, pero dándose la circunstancia de que había suspendido la oposición. Eso sí, se le buscó un asidero de dudosa legalidad pero que sirvió para mantenerla inamovible.

Pero si alguien estuviera dispuesto a tragar con todo esto, lo que es más llamativo sin lugar a dudas en el caso de Lorente es que la manipulación de datos estadísticos para argumentar una hipótesis no mueva a una destitución inmediata.

No, de este asunto, como de aquellos que afectan a ilustres personajes almerienses, la prensa local no se hizo eco. La otra sí.]

UBICUO BALAGUER

La Federación Andaluza de Municipios y Provincias (FAMP) ha mantenido a Serafín Balaguer, como su representante en el Consejo Consultivo de la Empresa Pública Hospital de Poniente, hasta que fue imputado en la Operación Poniente.

Lo más sorprendente del caso es que Balaguer ha mantenido esta representación sin ser concejal de ningún ayuntamiento y cuando -según se ha reiterado desde el PSOE a raíz de la mencionada imputación- lleva años desvinculado de la organización con la que sí fue edil en la Corporación de El Ejido.

Hasta donde ha podido llegar Noticias de Almería, Balaguer aparecía como representante de la FAMP en el Hospital de Poniente en 2004, si bien en ese momento él ya no formaba parte del grupo municipal del Ayuntamiento de El Ejido salido de las elecciones municipales de 2003.

En 2005 se produce un relevo y le sustituye Guadalupe Fernández, número tres de la candidatura socialista y concejala, pero al año siguiente vuelve Balaguer, quien se mantiene en el puesto hasta 2008 incluido.

En la actualidad ha vuelto a ser Fernández la representante, puesto que no ocupó ni cuando ya encabezó la candidatura socialista en 2007.

Según confirmaba la FAMP a Noticias de Almería, sus representantes en el Consejo Consultivo son concejales de los dos municipios mayores del área de influencia del Hospital de Poniente, que resultan ser El Ejido y Roquetas de Mar, pero mientras en el primero de los casos Balaguer estaba representando a un municipio gobernado por el PP y luego por el PAL, en el otro caso es un edil del equipo de Gobierno.

Así, ajeno a todo este devenir ha estado el concejal popular roquetero Antonio García Aguilar, mientras en el caso ejidense se han producido todos esos cambios.

Lo cierto es que al menos en el caso de Balaguer, no se cumple en todo ese tiempo la condición de concejal, y ni tan siquiera debía tener relación con la FAMP precisamente por esa cuestión. De hecho en el punto 17.5 señala que la Comisión Consultiva contará con "Dos representantes de las Corporaciones Locales comprendidas en su área de actuación, a propuesta de la Federación Andaluza de Municipios y Provincias"

La función de la Comisión Consultiva es "como órgano asesor en relación con los servicios sanitarios que la Agencia gestione".

En el punto 18 de los estatutos de la empresa pública se indica lo siguiente:

Corresponden a la Comisión Consultiva, en relación con la gestión del Hospital Costa del Sol de Marbella y de los centros sanitarios que se le adscriban, las

siguientes funciones asesoras:
a) Promover la participación ciudadana en su ámbito de actuación.

b) Conocer e informar el Plan Estratégico de la Agencia en el marco de las previsiones establecidas en el Plan Andaluz de Salud.

c) Elevar propuesta a la Dirección Gerencia de las medidas a desarrollar en la Agencia, en relación con los problemas de salud específicos de su área de influencia, así como sus prioridades.

d) Conocer e informar la Memoria Anual de la Agencia, incluyendo los datos de participación ciudadana y el impacto que dicha participación ha tenido en la Agencia.

e) Conocer e informar el Anteproyecto de Presupuesto de la Agencia.

Toda esta información para un empresario del sector sanitario (Balaguer es propietario entre otras muchas empresas de Policlínica del Poniente) conocida con antelación es sin lugar a dudas muy interesante, así como su posible influencia algunas de las decisiones que pueda tomar la empresa pública.

[Sería de lo más extraño e incomprensible si no se conociera a Serafín Balaguer. Resulta que siendo

concejal socialista del Ayuntamiento de El Ejido, se las apaña para ser representante en el Hospital de Poniente, cuando la Corporación tiene mayoría absoluta del PP. Luego, deja de ser concejal, pero no de representar al Ayuntamiento en manos del PP, infringiendo así la norma establecida. Y por si fuera poco, cuando gobierna el PAL el municipio, sigue de representante municipal sin ser edil.

Pero es que seguir el rastro de Balaguer es muy complicado. Hay que recordar que está imputado en la Operación Poniente por ser miembro del consejo de administración de Elsur, la empresa mixta que aparece en la investigación fiscal como centro de una trama de corrupciones diversas vinculadas al Ayuntamiento y empresas privadas. Y en esto vuelve a ocurrir algo similar, porque la idea del alcalde de El Ejido en aquel momento, Juan Enciso, que ahora también resulta estar imputado en la misma causa, era dejar fuera del consejo de administración a la oposición socialista que lideraba Balaguer, pero éste se las ingenia para que la parte "privada" de la empresa mixta -Abengoa- le ceda uno de los puestos que le correspondía.

Dejó de ser concejal, pero allí siguió, mientras que el PSOE oficialmente no tenía ningún representante. Seguramente lo que más le importaba a Balaguer de esa situación es los alrededor de 300 euros mensuales que le reportaba aquello, ya que según reconocía ante la juez Peña, no se enteraba de nada en las reuniones. Súmese a sus ingresos por su presencia en el Hospital de Poniente por lo mismo, nada.

Por si no fuera suficiente, esa ubicuidad pasmosa, podría recordarse que tuvo una televisión local en la que siendo él secretario local del PSOE ejidense, el otro socio era el presidente del PP del municipio, Antonio Góngora.

Y un dato más -éste confirmado por él mismo, no negado por la otra parte, pero desmentido por algunos exaltados- es que un local suyo fue el cedido gratis total para ser sede del Partido Social de El Ejido, una formación política que pretendía arrebatarle votos al PSOE en el que ya no militaba, y cuyo líder, Francisco Fernández, luego acabó en UPyD, con la que ha vuelto a ser concejal como lo fue con los socialistas.
Por cierto, que fue candidato de los de Rosa Díez sin dejar de ser el secretario general del PSEjido, y contar este hecho valió insultos y amenazas de todo tipo contra el autor por parte de sus moderados seguidores.]

EL CASO ABIERTO DE TERESA ESQUIVIAS

Jesús Caicedo López es un almeriense que se quedó viudo hace un año como consecuencia de un atentado terrorista perpetrado por Al Qaeda contra la embajada española ubicada en Bagdad en la que trabajaba su esposa, Teresa Esquivias.

Es verdad que desde la absoluta frialdad se podría decir que esos son los riesgos de misiones tan especiales en zonas de conflicto... bueno, de guerra para ser más exactos. Pero igual que quienes acuden a esos destinos de modo voluntario o por obligación asumen unos riesgos, también es verdad que los asumen con la premisa de que su gobierno les dará cobertura en cualquier situación.

Cuando en Noticias de Almería publicamos el primero de los por ahora cuatro capítulos de esta historia, ya se encendieron las primeras alarmas, con el segundo la cosa fue a peor, con el tercero dio vergüenza ajena, y el cuarto es sólo un punto y seguido.

El primero hablaba de cómo el Gobierno de Zapatero había intentado ocultar un atentado contra al embajada española en Irak en el que murió Esquivias, intentado que se interpretara como un ataque contra la alemana cuando todos los indicios apuntaban a que el objetivo era nuestra delegación. Ahí comenzaban a aparecer una serie de interrogantes que el diputado por Almería Rafael

Hernando, del Partido Popular hizo llegar al Gobierno, sin que hasta el momento y que tengamos constancia, haya habido respuesta.

En el segundo capítulo hablamos con el viudo de la funcionaria, un almeriense que tuvo una intensa actividad tanto laboral como política (en la UCD) en esta tierra pero que hoy reside en Madrid. Su relato es mucho más escalofriante de lo que se puede reflejar en una información periodística, sobre todo por los detalles personales que aportaba de cómo vivió aquellos momentos de incertidumbre iniciales sobre el estado de su esposa, sobre los días posteriores en que ella va empeorando sin que le hagan ni puto caso, sobre cómo luego es trasladada a una base norteamericana en Alemania en vez de mandarla a España cuando ya estaba en muerte cerebral... insisto, escuchar el relato del espectáculo sobrecogedor de cómo era aquel siniestro lugar espeluzna.

En el tercero dábamos a conocer que en el homenaje a las víctimas del terrorismo que se tributó en el Congreso, a esta familia no se le invitó. Tal vez fuera por no pertenecer a ninguna asociación, pero el hecho es que no es un homenaje a las asociaciones si no a las víctimas, y Teresa Esquivias y su familia lo son, y como tales fueron reconocidas por el Gobierno oficialmente, hasta el punto de que les entregó la correspondiente indemnización.

En el cuarto tenemos la denuncia presentada ante la Audiencia Nacional en el que se relatan los hechos y se buscan responsabilidades que, más allá de la cuestión económica, tienen que ver con la depuración de culpabilidades en un hecho que nunca debió acabar como lo hizo.

Y es que a estas alturas sorprende que una persona enferma fuera destinada a una misión de riesgo a pesar de que el Ministerio conocía su estado, pero también sorprende que a estas alturas y un año después de su muerte no se hayan abierto diligencias judiciales de oficio por el atentado terrorista como es de ley. Sorprende que las dos personas que tuvieron una implicación más directa en el devenir de los acontecimientos, hayan sido premiadas o al menos alejadas de Irak a destinos más tranquilos. Sorprende que el Estado español acate sin rechistas decisiones sobre su personal de embajada tomadas por militantes norteamericanos... y sorprenden muchas más cosas cuanto uno lee todas estas noticias que hemos venido publicado, y llama poderosamente la atención que ante un asunto de este calado el Partido Popular como principal fuerza de oposición mantenga un silencio inaudito, o que Izquierda Unida no tome cartas en el asunto.

Todo lo que rodea esta caso huele, y no es a rosas. Lean lo publicado; no les dejará indiferentes.

[Este es el relato que se hace en la querella presentada en la querella presentada ante la Audiencia Nacional:

"El 4 de Abril de 2010, se produce un atentado terrorista, en el barrio bagdalí de Al Mansur, en el que

estallaron tres camiones bomba, el primero estalla a escasos 50 metros de la Embajada Española en Bagdad, Embajada en la que se encontraba trabajando Doña Teresa Esquivias. Tras la segunda detonación los ocupantes de la embajada fueron trasladados a un refugio bunker o área de seguridad y finalmente tuvo lugar la tercera explosión.

En dicho atentado, las explosiones se produjeron cerca de las embajadas alemana, egipcia y española, esta última "resultó afectada con graves daños materiales", según indicó un portavoz del Ministerio Español de Asuntos Exteriores, teniéndose que llevar a cabo trabajos de reconstrucción de la misma, por lo que es patente la magnitud de tales explosiones.

Una vez que los GEO pudieron acceder a la Embajada, la cual se encontraba en un estado lamentable, según informó la propia Teresa, así como D. Antonio González Zavala, Encargado de Negocios de la Embajada en el momento del atentado, los mencionados GEO se limitaron a poner al personal de la Embajada unos chalecos antibalas y reunir a todos en la zona de seguridad del complejo, ante la posibilidad de otras posibles represalias. No obstante, no realizaron ningún examen médico al personal de la Embajada tras el citado atentado ni posteriormente.

El máximo responsable de la Embajada, el Embajador, Don Francisco Elías de Tejada, no se encontraba en la Embajada el 4 de Abril de 2010, coincidiendo el día del atentado terrorista con el semestre de Presidencia Española de la Unión Europea, período en el que los embajadores deben permanecer en su puesto de trabajo y velar tanto por el buen funcionamiento de dicha Embajada como por los trabajadores de la misma, *haciendo, por lo tanto, una absoluta dejadez de sus obligaciones.*

Desde el 4 de Abril de 2010, el estado de salud de Doña Teresa Esquivias Ugena, es cada vez más delicado, hasta que el 12 de Julio del mismo año, comenzó a sentirse indispuesta quejándose de un fuerte dolor de cabeza, con mareos y vómitos.

A las 17.00 horas de ese mismo día, 12 de Julio de 2010, fue trasladada al Hospital Medicorp de Bagdad, en donde se le diagnostica un ACV. Ante la ausencia de mejoría, se decide a las 19:30h su traslado al Hospital Cash 21, donde se le diagnostica un derrame cerebral masivo por lo que se evacua por vía aérea al Hospital 332nd, en Balad, donde la intervienen quirúrgicamente de urgencia.

Finalmente, ante su gravedad se le traslada al Hospital Militar de Landstuhl, en Alemania, el día 14 de Julio de 2010, donde finalmente se produce su fallecimiento.

Así pues, desde las 17.00 horas del día 12 de Julio de 2010 hasta las 3.30 horas del día 14 de Julio de 2010, Doña Teresa Esquivias Ugena, es trasladada estando en tan mal estado de salud, al Hospital Medicorp de Bagdad, al Hospital Cash 21, al Hospital 332nd, en Balad , y por último al Hospital Militar de Landstuhl, en Alemania, es decir, a cuatro Hospitales en menos de 48 horas.

Como consta en los expedientes médicos, que tiene en posesión el propio Ministerio al que nos dirigimos, (ya que todavía no se ha puesto a disposición de esta parte el original traducido al español, habiéndose solicitado expresamente por D. Jesús Caicedo en el mismo mes en el que falleció Doña Teresa Esquivias Ugena), la citada funcionaria padecía un ACV, que provocó el fatal desenlace.

Lo que hace que su paso por cuatro Hospitales distintos en menos de 48 horas sea aún más llamativo, teniendo en cuenta que estamos hablando de una zona "en conflicto", en la que dichos traslados probablemente pudieron poner en peligro la integridad física de la Sra. Esquivias, aún más en el estado crítico en el que se encontraba. Citando palabras textuales del propio Señor González Zavala "Los ingresos a cada hospital y los movimientos por la ciudad son una pesadilla rodeada de gestiones al más alto nivel".

Desde el día en que Doña Teresa Esquivias, empieza a sentirse indispuesta hasta las 3.30 horas del día 14 de Julio, fecha de su fallecimiento, a nuestro representado, Don Jesús Caicedo López, se le ofrece, de forma verbal, la puesta a su disposición de un Avión Medicalizado, que según las propias palabras del Señor González Zavala "existe, para estos casos un avión medicalizado para el personal funcionario en el exterior". Así, el embajador, manifiesta a nuestro representado de forma textual, el día 13 de Julio a mediodía que "como el traslado a Alemania no se iba a llegar a cabo hasta las 03:00 de la madrugada del día 14, teníamos tiempo de fletar un avión medicalizado". Dicha declaración fue realizada por el embajador sin que mediara petición alguna por esta parte. No obstante el ofrecimiento, finalmente no se fletó ningún avión medicalizado, decisión que depende en última instancia de la Subsecretaría del Ministerio de Asuntos Exteriores y de Cooperación.

Además, todas las decisiones, tanto médicas como de

traslados de la paciente, se tomaron por los mandos de Estados Unidos, cuando Doña Teresa Esquivias Ugena, era de nacionalidad Española con pasaporte diplomático, dependiente de la Embajada Española, del Ministerio de Asuntos Exteriores y de Cooperación, del Estado Español, por lo que dichas decisiones debieron ser tomadas por los mandos Españoles, no por los mandos Americanos."

Según los abogados que han presentado la denuncia, los hechos podría ser constitutivos de los delitos de:

De asesinato por acto terrorista cometido por Alqaeda. Art. 139 CP
De homicidio por imprudencia grave. Art.142 CP
De omisión del deber de socorro. Arts. 195 y 196 CP
De omisión de auxilio. Art. 412.3 CP
Contra los derechos de los trabajadores – Título XV- por infracción de la normativa de prevención de riesgos laborales y vigilancia de la salud con resultado de muerte. Arts. 316 a 318 CP

Entre las cuestiones que Jesús Caicedo López quiere aclarar en relación al asesinato de su esposa está el motivo por el que fue enviada tanto a los anteriores destinos en el exterior como a la embajada de España en Irak sin habérsele realizado los preceptivos reconocimientos médicos según la normativa establecida para la Prevención de Riesgos Laborales, conociéndose que padecía la hepatitis C. Además reclama explicaciones del por qué en el momento del atentado terrorista, no se encontraba en la Embajada Francisco Elías de Tejada, cuando era su obligación por producirse los hechos dentro del semestre de Presidencia Española de la Unión Europea, "no cumpliendo por ello con su obligación de permanecer en la misma, ni por lo tanto, velar por los trabajadores de dicha embajada, como máxima autoridad de la misma".

Otro punto que requeriría responsabilidad es que "Nadie realizó ningún chequeo a Dña. Teresa, a pesar de los continuos dolores de cabeza, náuseas y mareos que sufría desde el 4 de Abril de 2010, pudiéndose saber así de manera preventiva cuáles eran las dolencias o patologías que sufría, derivadas de los efectos de la onda expansiva, y haciendo un diagnóstico sin base medica alguna en el que le comunican que sufre un simple "golpe de calor" sin dar mayor importancia a los síntomas", ya que los GEO, no realizaron ningún reconocimiento médico a los miembros de la Embajada Española después del atentado terrorista, cuando los efectos de la onda expansiva de tres camiones bomba a menos de 50 metros pueden y, de hecho, fueron letales.

A pesar de la disponibilidad existente de aviones medicalizados para los funcionarios destinados en el exterior en casos graves, y del ofrecimiento realizado por el propio Embajador de fletar uno de ellos, esto no llegó a llevarse a cabo, "dejando a D. Jesús en Madrid, a la espera de "recibir órdenes" en espera de si desplazaban a su esposa a España o si tenía él que viajar a Irak". La pregunta ahí es porqué a su esposa se le deniega el traslado a España en el avión medicalizado, anteriormente propuesto, y que ha sido traslada a la base norteamericana en Landstuhl, Alemania.

Esto último se produce con su esposa en estado de muerte cerebral, "información que en ningún momento fue transmitida a D. Jesús, por lo que no se entiende este último traslado ordenado por el mando norteamericano obviando las comunicaciones y ofrecimientos por parte del encargado de negocio de la embajada".

Caicedo López está convencido de que su esposa podría haber sobrevivido de haber recibido el tratamiento adecuado y así lo expone en la denuncia al indicar que "El ofrecimiento del avión medicalizado y la orden de fletarlo, que depende de la Subsecretaria del Ministerio de Asuntos Exteriores y de Cooperación, pudo ser de vital importancia en este caso ya que Doña Teresa esquivias falleció a causa de un ACV, o al menos así consta en los informes médicos. Dicho accidente cerebro vascular, si es intervenido con los medios y de forma adecuada en un corto periodo de tiempo, no tiene por qué causar el fallecimiento de la persona que lo sufre, siendo llamativa la intervención sufrida por Dña. Teresa en la que se pudo apreciar una cirugía extremadamente agresiva."

Y por último, lo más sorprende es que "hasta el momento esta parte no tiene constancia de la apertura de Diligencias Previas para el esclarecimiento del atentado contra la Embajada de España en Bagdad, trámite que debe incoarse de oficio en los casos de atentado terrorista, solicitando esta parte una explicación al respecto así como la incoación del mismo en el caso de su inexistencia".

Tengo que reconocer que esta historia que tampoco tuvo repercusión en los medios de comunicación locales, me dejó muy impresionado. Sí, también me dejó impresionado descubrir que al parecer carecía de interés informativo en Almería este terrible crimen, mientras una boda puede ocupar una portada y las cuatro primeras planas, pero así está el patio.

Estos hechos por los que el diputado del PP por Almería Rafael Hernando preguntó el 14 de abril de 2011 -un año después de lo ocurrido- siguen sin respuesta (el final de la legislatura hizo decaer la iniciativa), ya que las cuestiones que se acumulan son demasiado incómodas, y además lo son para el PSOE que gobernaba, para el PP que desde la oposición no ha movido ni un papel y desde que llegó al Gobierno tampoco. Tal vez el "ascenso" con que se premió a María Jesús Figa López Palop, como embajadora en el Vaticano, y en aquel momento subsecretaria del Ministerio de Exteriores, persona que tomó las controvertidas decisiones que pudieron ser determinantes en el fallecimiento de Teresa dé una pista bastante diáfana de qué ha ocurrido desde el punto de vista político.

Otro que tal baila era el embajador, que a pesar de estar en una zona especialmente conflictiva y de la que no podía salir por estar España presidiendo la UE, se fue de vacaciones... pero nadie le ha pedido responsabilidades, ni por no estar donde tenía que estar y no estaba, ni por lo que pasó donde no estaba cuando se supone que debía estar.

La última vez que hablé con Jesús Caicedo, viudo de Teresa Esquivias, fue casi por error. En mi móvil se había grabado una llamada perdida suya a la que respondí, y es que me contestó que me había llamado porque se cumplía un año de la muerte de su mujer, que seguía sin noticias de ningún tipo, ni tan siquiera de los tribunales ante los que puso la demanda, pero que luego entendió que era una tontería contármelo y por eso no insistió.

Estaba muy triste y decepcionado con todo y con todos, y no es para menos.

Escandaloso.]

UN ALCALDE PRESIONADO

El ex alcalde socialista de Almería Santiago Martínez Cabrejas dejó de pagar las cuotas en el PSOE en 2004, según reconocía en una entrevista en La Cope con motivo de el homenaje que supone la calle que le va a dedicar la actual Corporación, tal como se aprobó en el pasado pleno por unanimidad.

Martínez Cabrejas, que es el político que más tiempo ha sido alcalde la ciudad desde que se recuperó la democracia, justificaba su desapego hacia el PSOE actual en varios motivos, siendo uno de ellos "algunas putadas" que a título particular afirma que le han hecho miembros de la organización. A eso añadió que recibió "presiones" para hacer cosas "que van contra tus principios o el bien de la ciudad", y en ese sentido recordó algunas de las infraestructuras que están pendientes de realizarse en Almería de las que ya se hablaban en su primer mandato como alcalde. Hay que recordar que esos primeros tiempos todo el poder estaba en manos del PSOE, que gobernaba tanto en La Moncloa, como en la Junta de Andalucía, la Diputación y la inmensa mayoría de ayuntamientos de la provincia. En la siguiente época en la que volvió a ser alcalde fue tras los cuatro años de Juan Megino como primer edil popular, quien tras las elecciones en las que el PP logró una mayoría insuficiente para gobernar a aliarse PSOE e IU en un mandato en el que la idea era que él pasara a ser presidente de la Diputación y su número dos alcalde, según reconoció. Finalmente Martínez Cabrejas aguantó cuatro años en la Alcaldía mientras Luis Rogelio Rodríguez estaba en los bancos de la oposición y en la presidencia de la Diputación, y a la postre sería quien le ganara las siguientes elecciones municipales.

El ex primer edil afirma seguir siendo tan socialista como siempre pero "sin carnet", ya que los partidos están manos de "oligarquías".

[Sin lugar a dudas estas palabras deberían haber tenido un eco mayor que el que tuvieron, porque todos los días no hay un político que reconozca abiertamente las presiones recibidas por su partido político en la toma de decisiones o nombramientos. Todos sabemos que ocurre, pero todos los niegan poniendo cara de poker, y para eso basta recordar lo ocurrido en la Diputación de Almería cuando estalló la Operación Poniente mientras el PSOE y el PAL eran socios de gobierno.
Tampoco es nada habitual que quien más años se ha tirado de alcalde de una ciudad, acabe dejando incluso el partido en el que militó desde su juventud.]

NO NOS PODÍA FALTAR UN ERE

Medio centenar de trabajadores del Ayuntamiento de Macael andan preocupados desde que recibieron una carta del INEM diciéndoles que el dinero que habían solicitado cobrar como subsidio de desempleo, en virtud del ERE en el que habían sido incluidos, no se les va a pagar. La cosa es como para preocuparse, y es que después de haber hecho la cuadratura del círculo, por el momento todo ha salido mal.

A la alcaldía del Ayuntamiento de Macael llegó tras las pasadas elecciones municipales Raúl Martínez del Partido Popular, y se encontró -como les ha pasado a la inmensa mayoría de los nuevos alcaldes en toda España- con una plantilla sobredimensionada, y decidió reducirla. Lo más sencillo hubiera sido comenzar por no renovar contratos, luego pasar a despedir en orden inverso a la antigüedad hasta lograr el ajuste.

Medida traumática, cierto, pero es la misma que se sufre en el sector privado, y resulta incomprensible que los laborales -que no son funcionarios- puedan tener el privilegio de quedarse adosados al aparato administrativo en el que entraron por sinuosos caminos.

Pero hablamos de política, y con unas elecciones autonómicas a la vuelta de la esquina, al alcalde como parece lógico no le gustaba aparecer como el malo, que no sólo echa a gente, si no que además lo hace por venganza política, ya que la inmensa mayoría de esos laborales eran del entorno del PSOE.

Alguien cuyo nombre desconocemos, le alumbró una posible solución: aplicar un ERE de reducción de jornada laboral. La idea era estupenda, el Ayuntamiento se ahorraría unos 400.000 euros al año, y los trabajadores cobrarían del INEM la diferencia respecto al sueldo que tenían antes. Vamos, que se supone que trabajarían menos y prácticamente ganarían lo mismo.

Pero como es política, hay una primera y perversa pregunta, y es si la Junta de Andalucía estaría por la labor de aceptar el ERE del Ayuntamiento, salvándole la cara a un alcalde del PP, cuando oye... si tiene que despedir... que despida... que los macaelenses comprueben lo que va a pasar en Andalucía si gana Javier Arenas.

Pues resulta que la Delegación de Empleo se afana en buscar una solución y comienzan los trámites, entre ellos pedir informes al Servicio Público Estatal de Empleo (antiguo INEM) que será quien tenga que pagar los subsidios a esos trabajadores. Y ahí les dicen que no, les recuerdan que los ERE no pueden hacerse en los ayuntamientos, y por tanto que la prestación no podría concederse. Vaya por dios.

No pasa nada, la Consejería de Empleo lo sigue tramitando y al final decide aceptarlo.

Llegados a este punto surgen muchas preguntas ya. La primera es quién sugirió al alcalde el ERE ¿tal vez sería la propia delegada de Empleo, Francisca Pérez

Laborda? La segunda es por qué siguió adelante la Consejería a pesar de tener informes en contra del SPEE ¿esto no sería una prevaricación? La tercera es qué pensaban hacer si finalmente -como ha ocurrido- independientemente de lo que digan en el futuro los juzgados el INEM decidía no pagar las prestaciones hasta que se resuelva el asunto, lo que puede tardar incluso cinco años ¿tal vez porque lo urgente era salvar los muebles antes de las elecciones autonómicas?

Saber que una de las afectadas es hermana de la delegada quizá ayude a aclarar el motivo por el que la Junta puso tanto empeño en que se hiciera un ERE que mantenía los puestos de trabajo, en vez de optar por el despido. Habrá quien diga que esa no puede ser la razón, que no creen que eso pueda haber sido así, y quién sabe, igual hasta tiene razón, pero es lo único que explica razonablemente el interés puesto por la Junta de Andalucía en aprobar este ERE contra viento y marea.

El colofón de la historia lo pone que el encargado de firmarlo en Sevilla sea un director general imputado en la trama de los ERE fraudulentos que investiga la juez Alaya.

Seguramente a esto se busque una solución para que los trabajadores cobren de alguna manera, pero eso no quita que el ERE no podía hacerse y se hizo, y que cuando esté en los tribunales haya que establecer responsabilidades sobre su tramitación.

[Tras la publicación de estas informaciones, las respuestas dadas por el alcalde de Macael, Raúl Martínez, y la delegada de Empleo, Francisca Laborda en otros medios de comunicación fueron de lo más peregrinas.

Laborda decía que lo único -ojo, como si fuera poco- que pasaba es que el SPEE no quería pagar el subsidio de desempleo, pero no respondía sobre el motivo de esa decisión tan polémica y sobre todo tan dura para los trabajadores. Añadía que el SPEE quería impugnar el ERE, cuando debía saber que una administración no puede impugnar decisiones de otra, sólo puede llevarla a los tribunales, que es lo que avisaba. Y tanto la delegada como el alcalde insistían en que mejor era esa solución de un ERE temporal que uno extintivo, y sí, pero si el ERE temporal fuese legal.

De lo que hay constancia es del interés puesto por las autoridades del Gobierno central en manos del PP, como de las de la Junta de Andalucía en manos del PSOE, en encontrar una solución de compromiso, es decir, una solución que no vulnere la legalidad pero la rodee. Y la pregunta es si precisamente era eso lo que buscaba quien a sólo un par de días de cambiar la ley aceptó el ERE, a sabiendas -insistimos- de que si esperaba al cambio de norma éste podría hacerse pero sería extintivo -hermana de la delegada a la calle- pero si lo hacía antes, aunque fuera ilegal, acabaría generando el problema conocido y a ver qué político iba a querer poner su firma en el finiquito de tantos trabajadores.

La publicación de estas informaciones generó una serie de email cruzados entre la Delegación y el periódico, alegando la primera el que no había sido contrastada la información con la delegada y que estaba clara la legalidad del ERE; la respuesta a esas acusaciones es que si tienes una carta oficial en la mano y publicas lo que pone, no tienes que contrastarla con nadie... otra cosa es que pidas una valoración, pero valorar no es contrastar, y por otro lado argumentamos que no éramos nosotros quienes dudábamos de la legalidad. A nadie se le ocurre "contrastar" una sentencia judicial, otra cosa es pedir opiniones sobre ella.

Una de las cosas que peor llevan los políticos y quienes les rodean, es que pensemos. Así, desde la Delegación sostenían que el SPEE no decía en la carta nada de que el ERE fuera ilegal, y es cierto, pero a ver, si uno amenaza a otro con denunciarle en el juzgado... ¿no es lógico entender que ese uno da por hecho que el otro está delinquiendo? ¿cual sería si no la razón de la denuncia?

Faltar a la verdad es mentir.]

PLUS DE VIVIENDA

La consejera de Hacienda y Administración Pública, Carmen Martínez Aguayo, no ha sido capaz de negar que la delegada de la Consejería de Empleo en Almería, Francisca Pérez Laborda, cobra una indemnización por vivir en Almería, a pesar de ser de esta provincia, y de ser aquí donde desarrolla su tarea.

Martínez Aguayo fue interpelada el pasado día once de este mes en sesión plenaria por la parlamentaria andaluza del PP Patricia Del Pozo Fernández, quien le preguntó por el caso de Almería, que desde luego no es el único, ya que también los delegados de Córdoba y Huelva lo cobran, en las mismas circunstancias que ella.

Hasta abril, 53 altos cargos del Gobierno andaluz cobraban sustanciosas cantidades por este concepto añadidas a sus salarios, y desde entonces se ha reducido en diez.

Al menos hasta esa fecha, que se sepa, cobraban estas indemnizaciones en Empleo ocho altos cargos, en Agricultura, seis altos cargos: la Secretaria General del Medio Rural, la Directora General de Desarrollo Sostenible, el Delegado Provincial de Cádiz —que es de Cádiz—, el Consejero Delegado de EPSA, la Directora de Empresa de DAPSA y el Presidente del IFAPA. Cultura: la Directora General de Bienes Culturales, la Directora General de Museos y la Delegada Provincial de Cádiz, que es de Cádiz también. Igualdad, siete altos cargos, incluidos cuatro delegados provinciales. Medio ambiente, tres, incluido el Gerente de la Agencia del Agua. Y sanidad, cinco altos cargos, incluidos tres directores generales y dos delegados provinciales.

El hecho es que ante los argumentos del parlamentario del PP, la consejera no negó ninguno de los casos, y se limitó a responder que eso era no "crítica constructiva", que "estamos en un momento delicado para la credibilidad de las autonomías" y que sus palabras eran "propaganda, propaganda".

[Sobre este asunto preguntó en el Parlamento de Andalucía la almeriense Carmen Crespo, parlamentaria del Partido Popular, pero al margen de no responder, lo que sí pudimos saber es que había algunos más en esa misma situación. Debemos seguir pensando que están vigentes puesto que no se ha informado de su derogación, o tal vez si se retirara esa cantidad pero no se ha hecho público precisamente para evitar que quien no se enteró en su momento se enterara después. Podría uno preguntarse que para qué quieren que les paguen un plus por vivienda si no la necesitan.

Pero si resulta escandaloso esto, no lo es menos que diputados por Almería en Madrid o Sevilla, y que residen habitualmente en esas ciudades, como están empadronados aquí, cobran un plus de distancia que en algún caso llega a los 1.800 euros mensuales. E incluso los hay que cuando vienen de fin de semana a la provincia usan para sus desplazamientos un coche oficial de alguna institución (¡si será por coches oficiales en Andalucía!) para no gastar ni un céntimo en combustible tampoco, o que viviendo habitualmente en Almería y cobrando un extra para los desplazamientos a Sevilla coge también un coche oficial. ¿De quienes hablamos? Esto también está publicado, búsquenlo.]

EL PISO DE LAS CONSPIRACIONES

Un piso que paga la Junta de Andalucía es el principal punto de reunión de la vieja guardia socialista que ha promovido la recogida de firmas que ha permitido derrocar al ex secretario general provincial Diego Asensio, según ha conocido Noticias de Almería.

El inmueble está ubicado en una tercera planta de las inmediaciones de la Plaza de San Pedro y está adscrito a la Consejería de Bienestar Social de la Junta de Andalucía, para que en él resida de modo gratuito su delegada en Almería, Adela Segura. Tanto esta delegada como su antecesor en el puesto, Luis López, forman parte del grupo de promotores de esta iniciativa que ha permitido recabar el apoyo de más del 70% de los miembros de la Ejecutiva provincial, lo que ha supuesto la automática disolución de este órgano del que poco después dimitía Asensio.

Precisamente el día anterior a la entrega de las firmas en la sede socialista de Pablo Iglesias allí mismo tuvo lugar un encuentro, y con posterioridad ha habido otros.

Tal como ya avanzó este medio, muchos de los miembros de la Ejecutiva provincial que firmaron su dimisión están vinculados a la Junta de Andalucía por cargos designados desde el Gobierno andaluz, o depende de algún otro modo de esta administración.

Hay que recordar que cuando dimitió Asensio arremetió directamente contra el secretario general del PSOE-A y presidente del Gobierno andaluz, José Antonio Griñán, por lo que entendía que era una maniobra urdida desde los órganos que controla.

[Quienes contaban esto eran socialistas que habían estado en él... que habían estado en él conspirando.

Así nos enteramos no sólo de que una delegada cobraba un plus para vivienda siendo de la misma provincia donde tiene su puesto de trabajo, si no que otra tiene a su disposición un pisito que al parecer no lo habita de modo permanente, lo que permite que pueda acoger este tipo de reuniones de partido.

Esta utilización para fines privados partidistas de recursos de la administración pública debería haber movido a actuar sobre la delegada, pero no, al final ha acabado de parlamentaria andaluza por Almería, lo que sin duda es prueba de que aquellas conspiraciones fueron en la línea adecuada y lejos de ser reprendida por su poco edificante comportamiento era oportuno premiarla.

No hay nada mejor que jugar al despiste, y es que una de las fuentes que nos contó esta historia, nos recriminó en Facebook su publicación por "sectaria".]

LA UAL NO LES PIDE PERDÓN

Pónganse en situación. Campus de la Universidad de Almería. Te van a dar un diploma por haber logrado uno de los mejores expedientes académicos de la Facultad de Ciencias de la Salud, y han venido tus padres, algún abuelo, tu pareja, tus amistades... Y además, en ese mismo acto se homenajea a profesores que te dieron clase y ahora se jubilan, por los que la comunidad universitaria siente respeto.

Insisto, pónganse en situación, y recuerden las fotos publicadas por toda la prensa, con la decana, miembros del rectorado, autoridades políticas como el delegado de Salud... Un día muy especial.

Un día tan especial, que el invitado de honor es el doctor y profesor universitario Rafael López Guerrero, que hablará de "Relaciones humanas en el campo de la salud". La cosa promete.

Pues ahora piensen que a la semana de producirse ese solemne evento, un periodista llama a la Universidad para preguntar sobre ese conferenciante y no recibe respuesta aclaratoria sobre lo que quiere saber. Imaginen que días después mantiene alguna conversación informal con alguien de la UAL y le reconoce que hay "nerviosismo" sobre el motivo de las cuestiones planteadas, pero oficialmente nadie dice nada.

Ya no hace falta que imaginen más, porque saben que Noticias de Almería publicó que este tal López Guerrero, no era ni había sido nunca profesor universitario, y que carecía de doctorados, siendo únicamente licenciado en Derecho. Esa información copiada por más de una docena de medios de comunicación, citándonos a veces, y otras veces no.

Nueva llamada a la UAL. Queremos saber quién invitó personalmente a López Guerrero y cuando le pagaron. Tal vez sea cosa del tiempo cuántico, pero la respuesta que tendríamos esa misma tarde aún no ha llegado, por lo que intuimos que aquel día aún no ha concluido y no perdemos la esperanza.

Seguimos aportando información entre tanto. Contamos que fue denunciado por falsedad documental e intrusismo profesional antes de ser invitado por la UAL, pero el silencio de los responsables universitarios se mantiene. Mostramos los títulos de doctorado y explicamos cómo se compran, cuanto cuestan y qué son en realidad la Buxton University y la Canterbury University, radicada una en las islas Seychelles y la otra en Singapur... y hasta recogemos como un fiscal afirma sin dudarlo que el comportamiento de López Guerrero es "inmoral y rechazable". Y el silencio sigue.

La Universidad de Almería debe una disculpa a los profesores jubilados que se han pasado años y años estudiando y transmitiendo su conocimiento, y luego le han traído a un personaje que se compra los títulos a pares.

La Universidad de Almería debe una disculpa a los estudiantes que se han esforzado por sacar las mejores notas, y le han traído como ejemplo a un charlatán de feria.

Porque con ser grave todo lo anterior, hasta podría entenderse que la UAL no revise el currículo de todos y cada uno de sus conferenciantes y lo contrastara; pero lo más grave es que alguien debe ser responsable de que un licenciado en Derecho ofrezca una conferencia magistral sobre relaciones humanas en el campo de la salud. Y más grave es saber que los congresos y simposios frecuentados por el ilustre ponente universitario, versan sobre el cráneo de los extraterrestres, sobre la existencia de Dios, sobre "otras realidades", sobre el "universo inteligente"... sobre el tiempo cuántico... en algún sitio debió conocer a quien le invitó, esa persona que le invitó debió hacerlo seguramente cargada de admiración, y eso es preocupantes, que alguien a quien se considera un respetable miembro de la dirección de la comunidad universitaria, se mueva en esos ambientes pseudocientíficos y luego ilustre a los jóvenes cada día en las aulas.

El rector, Pedro Molina, como cabeza visible de la UAL debe una disculpa a profesores y alumnos, y decir como el Rey "lo siento, me equivoqué, no volverá a ocurrir".

[Fue esta otra noticia de esas que de modo viral se expandió por internet en cuanto publicamos el primer

capítulo. Casi la totalidad de los medios digitales importantes se hicieron eco de ella, pero no, en Almería los medios guardaron un sepulcral silencio ante el escandaloso hecho de que la Universidad colocara a un charlatán de feria a impartir una clase magistral, que tratara como doctor a quien había comprado sus títulos con la tarjeta de crédito de su padre.

Fueron varias emisoras de radio de toda España las que se pusieron en contacto con nosotros para que les contáramos esta historia, ya que en sus programas de "misterio" le habían tenido como invitado en ocasiones y se sentían estafados al saber que no era nada de lo que decía ser. Recuerdo en concreto el caso de una emisora canaria llamada Cibelio que quiso invitarnos a participar en directo y de modo simultáneo en el programa "Luces y sombras" a los dos, pero a la hora de la verdad, el afamado profesor y doctor no se presentó.

Las preguntas que no respondió la Universidad de Almería siguen sin respuesta. ¿Quién le invitó? ¿dónde le conoció? ¿cuanto cobró?]

LA UAL TAMBIÉN REGATEA

La Universidad de Almería ha reconocido, en la nota de rectificación emitida sobre la noticia titulada "Denuncia que la UAL le hizo firmar que había cobrado por una conferencia que un año después no le han pagado", reconoció el abono de una cantidad al profesor Francisco López Barrios por impartir una conferencia en los Cursos de Verano, pero no mencionó la existencia de otro recibo, que es el que resulta estar impagado.

La UAL, por tanto, no reconoce haber hecho dos recibos, cuando por el contrario el conferenciante sí que los tiene, y ambos sellados y con el encabezamiento del vicerrector de Extensión Universitaria José Guerrero. Pero la cosa tiene más miga.

Tal y como ya se relató en Noticias de Almería, tras impartir la charla, López Barrios va a cobrar, pero en ese momento sólo se aprestan a pagarle 910 euros (menos los descuentos correspondientes) que, aunque se justifica como lo correspondiente a la impartición de la conferencia, corresponde a los gastos acordados por venir dos personas desde Galicia en avión hasta Málaga, luego coche hasta Almería y retorno de la misma manera, con las correspondientes noches de hotel, ya que la UAL sólo se hacía cargo de la de Aguadulce.

Es cuando el profesor reclama la totalidad de lo pactado cuando empiezan los problemas. Tras una discusión, el representante de la Universidad se aviene a abonarle todo, pero como no puede ser mediante talón bancario, le hace firmar otro recibo por 844 euros (estos sí los honorarios por la ponencia) con la promesa de que en 48 horas lo tendría ingresado en su cuenta, cuyo número pone él mismo de su puño y letra. Más de un año después ese dinero no aparece por ningún sitio.

En conversación con López Barrios, éste ha mostrado su indignación total por la respuesta de la Universidad de Almería, "ya que me dejan por mentiroso", y aclara que "ya no se trata de una cuestión de dinero, es cuestión de dignidad y justicia". En este sentido explica que los gastos que le está suponiendo el abogado que está gestionando este asunto en Almería, y los que le va a suponer llegar a juicio si finalmente no le pagan, se acabará llevando los ochocientos euros en litigio.

El Vicerrectorado de Cultura, Extensión Universitaria y Deportes de la Universidad de Almería, "Con fecha del 01/07/2009, se emitió un cheque bancario a nombre del Sr. Francisco López Barrios por una cantidad de 773,50 euros netos, a los que se habían descontado 136,50 euros correspondientes al pago del 15% del IRFP. La cantidad que recibió el Sr. López Barrios correspondía a los conceptos de desplazamiento hasta la localidad de Aguadulce y de los honorarios de su ponencia, que tituló "El Mediterráneo, el mar de las cuatro orillas, el mar de la democracia". Es decir, que se le pagó un día antes de que pronunciara la conferencia en cuestión.

Una diferencia de casi cien euros entre los dos recibos emitidos el mismo día y firmados por la misma persona, uno de ellos cobrado por el interesado tras la charla pero que por la fecha se supone que pagó antes, mientras del otro la Universidad no sabe nada, pero existir existe.

[¿Es mucho o es poco lo que algunas personas cobra por una conferencia? Pues depende, claro, el mercado es libre, incluso demasiado libre. Pero lo que nadie puede dudar es que cuando se pacta el precio de algo - incluso si ese algo es una conferencia- lo que no puede hacerse es dar marcha atrás.

López Barrios era el que se hacía esa pregunta y exponía esa reflexión tras calificar de modo informal al vicerrector Pepe Guerrero de "bandolero", lo que no tuve más remedio que reconvenirle mientras hablábamos del caso en directo por Radio Almanzora, ya que la historia del bandolerismo andaluz es gloriosa, plagada auténticos defensores de la libertad que al ser andaluces y no catalanes o vascos, han quedado retratados como meros forajidos siendo precursores de Robin Hood.

La última vez que pregunté por este asunto, me indicaron que el profesor había desistido, que había reconsiderado los hechos y asumía que meterse en un pleito en Almería siendo residente en Galicia, por 800 euros no le traía cuenta.

A raíz de la publicación de esa noticia, fueron numerosas las personas particulares y no particulares (por ejemplo algún propietario de restaurante entre otros) que se pusieron en contacto con Noticias de Almería para contarnos casos similares, de facturas requeridas siete veces y nunca pagadas, peticiones de refacturación con cifras distintas a las acordadas, y por supuesto morosidad insufrible. Pero de nada de eso nos dieron papeles y nada pudimos publicar. Todo se andará.]

PILLADOS EN LA AUDITORÍA

La Universidad de Almería emitía el pasado 28 de febrero -festivo- un comunicado en respuesta a las informaciones que la semana anterior habían sido ofrecidas en exclusiva por Noticias de Almería, y otras hechas público por Nuevas Generaciones del PP, en relación a distintos aspectos de sus presupuestos.

En el último párrafo de su nota, la UAL indica textualmente: "Las Cuentas Anuales de la Universidad de Almería son auditadas por una empresa externa de ámbito nacional y reconocido prestigio quien ha expresado su opinión en los últimos años sin salvedades."

Lo cierto es que la afirmación de la institución es falsa, ya que en en el borrador de la auditoría realizada por la empresa KPMG sobre la liquidación presupuestaría del año 2009 y a la que ha tenido acceso Noticias de Almería se recogió una salvedad, algo que debió acabar figurando en el informe definitivo ya que en la correspondiente a 2010 se recuerda a los responsables de la Universidad aquella incidencia.

[El traer aquí esta noticia es únicamente a título de anécdota, ya que es la última vez que la Universidad mandó un escrito de rectificación a una de nuestras informaciones. Tras dejar en evidencia en el tema de López Barrios que en vez de rectificar reconocía los

hechos, y lo mismo en algún otro caso publicado, la última vez fue esta.

Habíamos informado de algunos detalles de los presupuestos y las liquidaciones de la institución, comparando los gastos en publicidad y los de investigación, o los de deportes y el de compra de material para la biblioteca, y como única respuesta llegó una nota en la que informaban de que sus cuentas eran auditadas y "nunca" habían tenido salvedades. Pues bueno, sí que les tuvieron, tal vez irrelevantes, pero tenerlas las tuvieron.

La Universidad posteriormente no ha dicho nada -y eso que fueron llamados para dar su versión- sobre el asunto del presunto doctor Rafael López Guerrero y callaron, como han callado cuando hemos publicado su deuda real.

Será que ojos que no ven... tortazo que te pegas.]

LA UNIVERSIDAD DE LOS DESPROPÓSITOS

Asumo que tras la lectura de este artículo alguien sonría maliciosamente, le dé un codazo a quien tenga al lado y le diga "mira que mal le ha sentado que no lo invitara el rector a desayunar el otro día".

Obviamente si el rector de la Universidad de Almería, Pedro Molina, va a reconocer públicamente que los ingresos por matrículas se han reducido a la mitad y que está imponiendo medidas de ahorro que no sabe cuanto le permitirán ahorrar, pues a cualquier periodista le hubiera gustado estar allí, con café o sin el, pero sobre todo sin pasteleo.

La UAL lleva unos años siendo un auténtico despropósito que sólo mantiene en pie la fachada gracias a un entramado de intereses económicos que está a punto de venirse abajo, y en el que medios de comunicación, sindicatos, PSOE y Junta de Andalucía juegan un papel fundamental.

Si un profesor denuncia ante la Fiscalía al rector por una presunta corrupción, sólo un par de medios de comunicación publican la noticia; y si a dicho profesor se le prohíbe reunirse con los periodistas en el recinto en el Campus, pues también el silencio es clamoroso.

Si ese profesor luego es perseguido y acosado por el rector y sus secuaces y lo denuncia, también se silencia, y si le apoyan por escrito sus compañeros, pues tampoco se cuenta.

Y eso, sin entrar a valorar si lo denunciado por Jorge Lirola es cierto o no, si está fundamentado o no, sencillamente no se dice nada del tema y punto.

Creo recordar que el mismo día en que se producía ese desayuno en el que tampoco fue invitado el director de la mejor publicación universitaria, Paco Molina, de Novaciencia, en Noticia de Almería contábamos que un informe de la Cámara de Cuentas de Andalucía recogía varias irregularidades en una subvención del Instituto Andaluz de la Juventud a la UAL.

El problema no era ni tan siquiera existan esas irregularidades, lo escandaloso es que mientras otras universidades gastaban el dinero de esas subvenciones en temas relacionados con el empleo, la de Almería se lo gastaba en un concierto protagonizado por un grupo cuyo nombre no podía se más sugerente: "Los Delinqüentes".

Esto trae a la memoria el caso del profesor López Barrios, invitado a dar una conferencia pero al que el vicerrector Pepe Guerrero le escatimó el pago de la misma tras pronunciarla, y que tras publicarlo en Noticias de Almería no tuvo repercusión más allá de Onda Cero antes de llegar a los tribunales. Silencio, silencio y más silencio.

Aquello fue un curso de verano, pero aquí también hay de otoño, y no sé si con la crisis añadirán otros de invierno, pero se de la circunstancia de que los ponentes son en gran medida cargos socialistas. La plantilla entera de delegados de la Junta de Andalucía pasa por ellos a dar charlas, conferencias, moderar mesas; y con ellos también consejeros, y para no hacer distinciones de clase, también directores generales y otros especialistas de los de libre designación.

Quizá todos estos temas fueran incómodos para abordar en un desayuno en el que se pueden atragantar las magdalenas, pero también es sorprendente que a nadie le sorprenda (vale la redundancia aunque a alguien le sorprenda) que el rector hable de recortes presupuestarios y mantenga un equipo de Gobierno igual que el que tenía antes de esos recortes (no recortamos redundancias). Y esos "gobernantes" significan sobresueldos, dietas... y nóminas de más profesores que les sustituyan cuando ellos están "en sus cosas".

El rector anuncia medidas de ahorro, pero no sabe cuantificarlas. Es decir, que para ahorrar cierra el campus todo el mes de agosto, y a partir de las ocho de la tarde durante el curso, pero no sabe si los beneficios económicos justifican los posibles perjuicios (o no) académicos.

El Cineclub Universitario deja de ser "Universitario" y lo tiene que sufragar íntegramente el Ayuntamiento de Almería, y el áula de teatro desaparece, pero mientras, se piensa en editar una publicación propia y se sostiene una radio en internet.

Que la UAL cerró con déficit 2010 oficialmente,

tampoco es noticia cuya publicación tenga interés mientras saboreamos un zumo de naranja bien acompañados. Veremos qué pasa cuando haya problemas para pagar al personal, que desde luego aguantará callado menos que los medios de comunicación a los que se le deben miles y miles de euros en facturas a veces archivadas de un modo que podríamos definir inadecuado para una institución pública.

En estos días la Junta de Andalucía renovaba a Joaquín Moya Angeler como presidente del Consejo Social... que también tiene su gasto, y eso que fue quien dijo que la UAL no tenía porqué tener una facultad de Medicina, y eso sólo días antes de que el Gobierno andaluz dijera que sí (bueno, ahora sabemos que aquel "sí " tampoco era un sí de verdad, que era un sí voluntarioso nada más, pero que no pasa nada, que todo está bien). Así de bien defendía los intereses de la universidad y de Almería, pero de aquella entrevista en El País, tampoco hubo eco, que pena.

Pues va a ser que sí, que me sentó mal que no me invitaran al desayuno (espartano, supongo, debido a la precariedad económica) con la de cosas que tenía que preguntar. No pierdo la esperanza de que me llamen para hablar por ejemplo de los negocios paralelos que tienen montados algunos... más que nada para no meter la pata cuando lo publique.

[Hay más tela que cortar de la Universidad de Almería, y la hemos contado y la seguiremos contando, aunque no nos inviten a desayunar, oye.

A la endogamia ya le dedicamos una noticia, pero esperan otras sobre los negocios privados de algunos altos cargos que se benefician de su posición para tener información privilegiada, o como se crean líderes estudiantiles, o como se ha convertido en una "liberación" para ciertos dirigentes políticos que están a sueldo sin pegar ni un sello -será cosa de los email, que son más modernos- para dedicar su tiempo al partido... sí a ese.

El Rector de la Universidad de Almería, Pedro Molina, tiene en la actualidad cinco familiares trabajando en la institución, aunque han llegado a ser media docena, según datos recabados por Noticias de Almería.

Así, su hermana I aparece como gestora de equipos de información y conserjerías, dependiendo directamente de la Gerencia, y es personal de administración y servicios (PAS).

Su hermano MÁ es igualmente PAS, y en dependencia directa de la Gerencia ocupa el puesto de técnico de información en un aulario.

También figura una cuñada de una hermana suya, MCEC, también PAS y en este caso gestora de equipos de limpieza, también un puesto con dependencia directa de la Gerencia.

Del mismo modo, figura ABM, sobrino del rector y cuyo padre ha trabajado en la UAL hasta su reciente fallecimiento. Es un técnico adscrito a la Unidad de Tecnologías de Apoyo a la Docencia y Docencia Virtual.

Y también la hija del rector tiene hueco en la Universidad, pero en este caso lo hace contratada por la Fundación Mediterránea. NMH figura como técnico en el Centro de Lenguas.
Pero también esa endogamia se produce en el presunto movimiento estudiantil, liderado -que curioso- por el hijo de una persona de confianza del propio rector y contratada de un modo bastante... peculiar.]

PASTORES A PRECIO DE UNIVERSITARIOS

Una factura informativa de la Universidad de Almería dice a un alumno que su curso cuesta 9.435,78 euros, y a otro que por examinarse de dos asignaturas sin derecho a clases presenciales, su coste para las arcas públicas es de 2.000 euros.

Pues si resulta sorprende esa diferencia de costes, entre una persona que se matricula de un curso completo y acude a diario a clase, y otra que sólo va a utilizar los servicios universitarios para dos exámenes, no lo es menos que la Junta de Andalucía gaste 100.000 euros en formar a 18 jóvenes en la profesión de pastor.

Seguramente las 480 horas del curso, de las que 210 son teóricas, van a lograr que Andalucía tenga pastores de excelencia, pero deja en bastante mal lugar entonces lo que cuesta formar a un médico o un abogado o un periodista o un químico.

Así, un máster en la Universidad de Sevilla en Gestión de las Tecnologías de la Información y la Comunicación, o en Arqueología, no llega a los 3.500 euros con todos los gastos incluidos... y eso es lo que paga el alumno en un centro público, por lo que tal vez -no he encontrado el dato- haya parte de su coste subvencionado directamente; pero claro, un "máster pastoril" sale a 5.555 euros por estudiante y son sólo 480 horas.

¿No parece esto una tomadura de pelo?

[Habíamos publicado una información ofrecida en una rueda de prensa por el presidente de Nuevas Generaciones de Almería, Carlos Sánchez, en la que hacía referencia a los mail recibido por los universitarios en los que se les indicaba el coste de las asignaturas o curso, y de ahí obtuvimos el dato de cuando costaba un año en la Universidad, y claro, al ver lo de los pastores no nos resistimos.

Este artículo sirvió de pie a la elaboración de informaciones en otros medios no almerienses, ya que los datos sobre la Escuela de Pastores daban para mucho comentario justo en un momento en que hay que replantarse lo de los gastos de las administraciones públicas.

Es verdad que puede parecer absurdo el concepto, pero una vez asumida la relevancia social, económica... medioambiental... no sé... hay que ver cuando cuesta. En este caso no parece razonable que formar a un pastor cueste casi seis mil euros, comparando con el coste de la enseñanza universitaria pública o privada, o sin compararlo, suena a tomadura de pelo.

Por cierto que en aquella misma convocatoria, Sánchez hizo referencia a "un vicerrector" -aunque varios todos sabíamos que se refería a José Guerrero, que tenía tres líneas telefónicas, tres iPhone, otros tres iPad, y coche oficial. La UAL no respiró, ni confirmó ni desmintió.

Lo mismo hizo cuando publicamos que en 2012 tenía previsto gastar más en publicidad que en investigación. El dato, que también corrió como la pólvora por los medios de comunicación de fuera de la provincia, y sólo difundido por uno por las radios locales, pero no por los periódicos.

Eso motivó un escrito que no podría calificarse de desmentido, si no de justificante, por parte de la Universidad, ya que confirmaba los datos... no podía hacer otra cosa, estaban extraídos de sus presupuestos.]

ARMAS PELIGROSAS

El Ministerio de Defensa autorizó la realización de una demostración de armamento en la Base de La Legión de Viator en fechas vetadas por riesgo de incendio, y así lo publicó Noticias de Almería.

Las pruebas tuvieron lugar en el mes de junio de 2011, un mes que está dentro del periodo en el que este tipo de actividades no se permiten precisamente por la posibilidad de que se produzca un incendio, algo que estuvo a punto de ocurrir en esta ocasión, y que puso en riesgo la vida de al menos dos personas.

Fuentes consultadas por este medio han confirmado que a pesar de las fechas y las altas temperaturas, la demostración se realizó y hubo un incidente que podría haber sido grave. Los responsables militares alegaron como justificación para saltarse esta prohibición fue la que prueba era "urgente", y que en todo caso, la Unidad Militar de Emergencias UME estaba en la zona por si ocurría algo, según quien han relatado este hecho.

Habían sido disparadas unas quincena de **granadas**, cuando una de ellas salió por la boca del mortero sin estar percutida, cayendo junto a éste, momento en que se produjo una llamarada de pólvora, que puso en peligro mortal a los dos operadores, que tuvieron que saltar del vehículo y desalojar la zona con urgencia.

Los Técnicos en Desactivación de Explosivos TEDAX tuvieron que actuar rápidamente y llegaron a avisar al responsable del operativo de la posibilidad de que tuvieran que destruir el vehículo para evitar su explosión incontrolada.

Aun así, la prueba se realizó con carga cuarta, ni siquiera con carga 6a que lleva más pólvora, por lo que el peligro de explosión hubiera sido aún mayor.

La fuente consultada indica que el suceso se produjo porque el mortero tenía el tubo de acero rodeado de un sistema amortiguador, y no dispone de un sistema eficiente de refrigeración, por lo que al recalentarse tras los disparos y producirse la combustión de la pólvora de los suplementos, se produce una acumulación de gases y la granada se autoenciende antes de tocar en el estopín del percutor.

Los responsables del Ministerio de Defensa fueron los encargados de autorizar la realización de esta actividad, en la que se produjo un incidente que pudo desencadenar un siniestro mayor.

Pero si Defensa se saltó la norma en el tema de la fecha, también lo hizo cuando presuntamente permitió que vistieran uniforme del Ejército español personal de la compañía israelí SOLTAM Systems, contratista en asociación con Santa Bárbara Sistemas del grupo estadounidense General Dynamics como subcontratista, para la demostración.

El anuncio de licitación del concurso de adquisición para sistemas de mortero sobre vehículo 4x4, con n° de expediente de contrato 209152010018300 y por un monto de hasta 7.998.000 euros impuestos incluidos, tuvo lugar en diciembre de 2010, por lo que el plazo de entrega fraccionada se fijó entre 2011 y 2012.

El Ejército de Tierra calificó como "urgente" la adquisición de nuevos sistemas de mortero sobre vehículos 4x4, en principio sobre vehículo ligero VAMTAC, fabricado por UROVESA. La previsión inicial era adquirir 10 unidades de morteros de 81 mm para el periodo comprendido entre 2010 y 2011, con destino prioritario a nuestras tropas en Afganistán y en general en misiones en el extranjero, con la posibilidad de suministro posterior incluso a nuestros efectivos en territorio español, en función de las previsiones presupuestarias.

[Este asunto llegó al Congreso de la mano del diputado de Izquierda Unida Gaspar Llamazares, que no sólo apuntó estas cuestiones ya mencionadas, además sugirió un posible trato de favor a la empresas que finalmente resultó adjudicataria. En base a determinados análisis sobre la tipología del armamento probado, los plazos de entrega y las condiciones que se anunció que iba a ejecutarse el test, Llamazares sostenía que había otras opciones económica y materialmente más ventajosas, destacando sobre cualquier otra la de Santa Bárbara, española para más señas.

La publicación de estas informaciones generó una respuesta inmediata de la empresa aludida que quiso dejar claro en una nota a este medio de comunicación que lo referente al concurso, a ese posible trato de favor, no era cierto.

Lo que era imposible desmentir es que el modo en que Defensa se salta la ley que supuestamente debe mantener, y no en aras de más altos ideales, si no para un tupper-bomb.

De este "incidente" que en realidad fue un "accidente" no se ha pedido ninguna comisión de investigación, pero ciertamente debería haberse producido; y es que todavía todo lo que tiene que ver con los militares se recubre de un velo poco comprensible en democracia. A este ejemplo le podemos añadir que seguimos sin tener información sobre los motivos reales por los que se produjo un incendio en la Base de Viator, seguimos sin saber si se han depurado responsabilidades, seguimos sin que nos expliquen los motivos por los que medios civiles no fueron autorizados a colaborar en la extinción de las llamas pese a que el riesgo era evidente, además de que podría haber saltado el fuego a una zona de especial protección (LID).]

ARMAR AL ENEMIGO

Los principales clientes del lucrativo negocio de la compraventa de armas para el Estado Español son los países que de un modo u otro tienen relación con el terrorismo islámico, mientras que el resto de compradores son en el mayoría de los casos testimoniales.

Así, según los datos obtenidos por la senadora del PP por Almería María del Mar Agüero, en 2004 Tailandia compró armas a España por más de medio millón de euros, siendo un país en el que el movimiento separatista islámico en el sur utiliza las escuelas coránicas para reclutar combatientes, si bien la guerrilla no parece tener vínculos con Al Qaeda u otros grupos extranjeros.

Junto a los morteros vendidos ese año a Tailandia, a Túnez le colocó lanzagranadas por 25.000 euros, mientras que al resto de Estados a los que vendió fue por cantidades inferiores a los 8.000 euros.

En 2005 sólo le vendió a Arabia Saudí, y fueron 18.800 euros en lanzagranadas. Al año siguiente fue el mismo producto pero por 16.000 euros, en tanto que a los Emiratos Árabes Unidos les hizo llegar 38.418 euros en lanzagranadas, el mismo tipo de arma que a Libia, sólo que por 18.703 euros. Tailandia volvió a ser el gran comprador del año, con 277.500 euros en morteros.

En 2007 el líder de compras fue Omán, con 673.000

euros en lanzagranadas. También compraron este arma Emiratos Árabes por 75.900 euros.

En 2008 resultó ser Kwait el mayor adquirente, con 922.000 euros en lanzagranadas.

Otros países con problemas de terrorismo islamista como India o Indonesia también son grandes compradores de España. Así Indonesia compró 751.000 euros en lanzagrandas en 2008, lo mismo que hizo por 26.340 euros en 2007 India.

El resto de ventas durante el periodo fuero a países en conflicto como Colombia, o El Salvador, pero también a otros europeos en paz como Dinamarca o Suiza. En todos estos casos las cantidades simbólicas.

[Son los misterios del Ministerio de Defensa. Resulta que por un lado el Estado español compra armamento al Estado sionista de Israel de un modo bastante... polémico, cuestionable, sospechoso... y a la vez se dedica a vender armas a estados islamistas.
Por un lado gastamos dinero en comparar armas a empresas extranjeras mientras se pone en peligro la viabilidad de las nuestras a pesar de su mayor calidad (eso dicen los expertos), y por otro pone en manos de potenciales enemigos las bombas que mañana pueden venir adosadas al asiento de un avión.
Más: vendemos armas a quienes pueden querer matarnos por comprárselas a quienes las compramos.

Estos datos logrados por la senadora almeriense tuvieron amplia cobertura mediática después del adelanto que hicimos, pero ponerlos en conexión con la información anterior no deja de crear un desasosiego mayor si cabe.]

92 <u>NO LES VA A GUSTAR</u>

LO QUE CUESTA UNA Q

Más de 87.000 euros es lo que les ha costado a los ayuntamientos de Almería y a la Junta de Andalucía, que las playas puedan lucir la Q de Calidad Turística, según datos recabados por Noticias de Almería.

De esa cuantía, es la administración autonómica quien pone la mayor parte mediante subvención directa destinada a la consecución o renovación del distintivo que otorga el Instituto para la Calidad Turística Española (ICTE), que es una entidad privada cien por cien.

De hecho, el dinero que los ayuntamientos de Adra, Almería, Berja, El Ejido, Pulpí, Roquetas de Mar y Vera, piden a la Junta de Andalucía, tienen como objetivo la Q, y es que conseguirla no es gratis.

Tal como recoge el ICTE, lo primero por lo que hay que pagar es "La adhesión al sistema en concepto de apertura de expediente y envío de documentación", y añade que "El coste de la asistencia técnica externa que puede ser necesaria puede variar en función de las ayudas y subvenciones de la administración vigentes a nivel nacional o local", y por si no queda claro se apunta además que "la opción por la certificación conlleva el coste de las auditorías externas anuales necesarias, y una vez certificados el coste anual por el uso y mantenimiento de la Marca de calidad".

Es decir, que obtener la Q conlleva, al margen de la inversión que haya que realizar para tener unos servicios de calidad, pagar para que "abran el expediente" y te envíen la documentación, luego hay que pagar las auditorias con empresas autorizadas por el ICTE, y una vez que ya se tiene el distintivo, hay que seguir pagando a esta entidad privada por hacer uso de la marca y luego volver a pagarles para mantenerla.

Respecto a las subvenciones recibidas por los ayuntamientos de Almería en 2010, los datos son los siguientes:

El Ayuntamiento de Adra invirtió para la Obtención marca de Q de calidad turística en playas "El Censo" y "San Nicolás" 26.767,00 euros de los que 20.075,25 se los subvencionó la Junta de Andalucía.

El Ayuntamiento de Almería, para renovar la Renovación Q de calidad turística en playas de Almería y Cabo de Gata e implantación Q en Costacabana y El Toyo presupuestó 18.785,74 euros, de los que 14.089,30 fueron aportados por la Junta.

El Ayuntamiento de Berja, para una Oficina turismo con la Marca de Q de calidad turística que otorga el ICTE, y el seguimiento Q en oficina de información turística previó 2.900,00 euros de los que 2.175,00 euros los puso la Junta.

El Ayuntamiento de Carboneras, para la Marca de Q de calidad turística que otorga el ICTE, y renovación playas "El Ancon", "Las Marinicas" y "Los Cocones-Los Barquitos", gastó 9.481,09 euros de los que 7.110,81 euros los aportó la administración autonómica.

El Ayuntamiento de El Ejido, para la Renovación Q de calidad turística en playas: Levante Almerimar, e implantación Q playas San Miguel y Balerma invirtió 14.478,40 euros, siendo la aportación de la Junta 10.858,80 euros.

El Ayuntamiento de Pulpí, para Renovación Q de calidad turística, 3 playas: Mar Serena, Mar Rabiosa y Costa Calipso, tenía que gastar 8.769,02 euros y obtuvo una subvención de 6.576,75 euros.

El Ayuntamiento de Roquetas de Mar, para la Renovación Q de calidad turística en playas de: La Romanilla, La Bajadilla, Aguadulce y Urbanización de Roquetas de Mar se gastó 4.437,00 euros de los que 3.327,75 fueron autonómicos.

El Ayuntamiento de Vera, para la Renovación Q de calidad turística en playa Marinas-Bolaga, se gastó 1.421,00 euros, de los que la Junta le pagó 852,60 euros.

[Podría haberse titulado "Con Q de caro" o "Con Q de cara". Sí, este también es un asunto impopular principalmente para los políticos, a quienes no les gusta que sus logros sean reconocidos y aplaudidos, pero tampoco gusta a los empresarios del sector, que quieren que todo el mundo piense que la Q se la dan por sus magníficos servicios y nada más.

A ver, no se trata de negar la calidad de aquellas playas o establecimientos que tienen este distintivo, que objetivamente merecen ese reconocimiento, si no de dejar claro que esto no es gratis, que no basta con ofrecer calidad, que hay que estar en el club, que hay que pagar para ello, y que hay que sufragar los costes de unas auditorias obligatorias; eso quiere decir que si tienes calidad pero no quieres estar en el club, pues no tienes el distintivo.

Basta recorrer ciertas playas almerienses, como la de Costacabana, donde cualquier parecido con eso, con una playa es pura coincidencia ya que el mar se la traga continuamente y aunque el Ayuntamiento de Almería se afana en dotarla de servicios, no deja de ser penosa. Eso sí, luce una bandera que no suelen lucir algunas espectaculares de Cabo de Gata, precisamente porque su virginidad impide dotarlas de esos elementos.

Algo similar ocurre con las famosas banderas azules, que hemos visto ondear en playas en las que el baño era imposible por sucias o degradadas, y ser retiradas en otras de calidad extrema, y todo sin que trasciendan muchas explicaciones unas veces y otras con argumentos que no se sostienen a poco que uno tenga memoria.

Pero de especial interés es recordar en este momento el caso de Transparencia Internacional, una entidad "sin ánimo de lucro" y que con tan pomposo nombre y el de algún afamado abogado al frente, establece un ranking de los niveles de transparencia de las corporaciones.

Mantuve una discusión vía mail con uno de sus responsables cuando hicieron público un informe destacando al Ayuntamiento de El Ejido como uno de los más transparentes no sólo de la provincia, sino de toda España, cuando resulta que en el año al que se refería el estudio se habían desarrollado todos los hechos presuntamente delictivos que desembocaron en la Operación Poniente. Y al año siguiente igual, mientras el alcalde y el interventor estaban en prisión, *e imputados todos los miembros del consejo de administración de una empresa mixta, cuando había declaraciones ante el juez en las que se reconocía el pago de comisiones ilegales... pues el Ayuntamiento de El Ejido volvía a ser de los más transparentes.*

Cosas veredes, buen Sancho, añadiría Don Quijote si llega a saber que el mismo año en que la ministra socialista de Economía Elena Salgado felicitaba al Ayuntamiento de Almería por su solvencia, esta organización la ponía como una de las menos transparentes. El concejal de Hacienda, Pablo Venzal, no se recató en contar como le habían pedido dinero para hacer esos "análisis" tan profundos, y que les había respondido que no, que para eso estaban los funcionarios municipales, la Cámara de Cuentas y los tribunales.]

DECÍAN QUE GOBERNAR ES PRIORIZAR

Unos 150.000 euros se va a gastar el Gobierno andaluz en hacer una exposición que recorra Andalucía mostrándonos qué es Andalucía.

¿Ha notado el lector cierta reiteración en la frase anterior? Pues eso.

Hace un año, el madrileño que preside la Junta de Andalucía, José Antonio Griñán, decidió que siendo el año de Blas Infante, no se hiciera una exposición itinerante por toda la Comunidad dando a conocer la figura del Padre de la Patria Andaluza, alegando que no había dinero, tal como informó Noticias de Almería.

Antes de seguir, ya están las primeras incongruencias a la vista. Resulta que sacan a licitación una iniciativa, y para hacerlo deben tener partida presupuestaria, y luego lo retiran por falta de presupuesto. Pero no sólo eso, resulta que quien saca esto a licitación es una de esas entidades fantasma que tiene la Junta de Andalucía, y es tan fantasma que sí tiene para pagar las nóminas pero no para hacer actividades, por lo que uno se pregunta si no sería más efectivo eliminar las nóminas y que las actividades las programara directamente alguna consejería. ¿Tan complicado resulta?

Pero como en tantas ocasiones aceptemos pulpo como animal de compañía, y asumamos la retirada de ese proyecto por motivos de ahorro en 2010, pero lo que no puede ser es que en 2011, cuando la crisis sigue azotándonos, cuando la Junta de Andalucía es uno de los principales morosos que hay en España (que casi es decir de Europa) sí haya dinero para otra exposición que cuesta un 50% más que la anulada.

En 2011 sí hay 150.000 euros para una exposición itinerante sobre "Andalucía 10", y que, según las bases de contratación, debe realizarse antes de que acabe este año... justo-justo antes del 31 de diciembre, y tiene seis meses para ser ejecutada desde que se haga la adjudicación definitiva, que a mediados de junio aún no está.

Es decir, entre unas cosas y otras hasta septiembre no comenzará a rodar, y debe acabar antes del uno de enero de 2012, que es justo el último día en que pueden hacerse este tipo de muestras si las elecciones autonómicas son en marzo. ¡Qué casualidad!

¿Y qué es eso de "Andalucía 10"? Se dijo en su presentación que el objetivo era dar a conocer fuera de Andalucía su modernidad y potencialidades, y con ello se justificó la presentación en un lujoso hotel madrileño. Lo que no se justificó es por qué si tan modernos somos y tantas potencialidades tenemos, al final fue una empresa catalana la que recibió la adjudicación de todo este invento.

Ahora, cuando la página web carece de contenidos más allá que los vídeos y la fotos de aquella fastuosa presentación, y no hay ni más eventos ni más iniciativas en su agenda, Griñán lo que quiere es enseñarnos Andalucía a los andaluces... debe pensar que somos poco menos que gilipollas. No sé, igual es que no tiene suficiente con la RTVA (es decir, dos o tres canales de televisión y cinco o seis emisoras de radio) y con las voluminosas contrataciones propagandistas en la prensa afecta al Régimen, y necesita darnos más.

Y qué curioso, nos va a enseñar Andalucía a los andaluces, justo antes de las elecciones andaluzas en las que él es candidato... en serio, es muy fuerte.
Pero gobernar es priorizar, y está claro que para Griñán/PSOE la identidad andaluza no es una prioridad... y vale, lo entiendo, e incluso comprendo que antes de unas elecciones autonómicas utilice dinero público para hacerse propaganda... sí, también eso lo entiendo... perdonen, pero es que llevo mucho rato al sol y estoy desvariando...

Luego no hay dinero para tantas y tantas cosas... pero ya puestos, los 110.000 euros de la exposición de Blas Infante no realizada se podrían haber destinado a un fin más social que a financiar el culto a la personalidad de Griñán.

[Aunque algunos puedan pensar lo contrario, Blas Infante no era del PSOE, ni la bandera de Andalucía es verdiblanca porque los socialistas sevillanos sean del Betis casi todos. Aunque de ambas cosas sale uno convencido visitando la casa-museo del Padre de la Patria o repasando cualquier publicación juntera.

Pero no se trata de eso, aquí la historia es el derroche de dinero que se ha venido realizando desde la Administración autonómica de modo constante y permanente. Este es uno más, en plena crisis económica, y como señalamos, el objetivo no es mostrar Andalucía fuera de sus fronteras, si no mostrarnos a los andaluces cómo está nuestra tierra, es decir, autopromoción.

¿Qué fue de aquello de Andalucía 10? Sí, iba a ser una campaña que mostraría a España el talento de Andalucía, algo que se encargó a una empresa no andaluza, tal vez porque aquí carecíamos de talento y de empresas.

Fue una idea de José Antonio Griñán recién confirmado presidente del Gobierno andaluz, y claro, como madrileño, redescubrió nuestra tierra y quiso compartirlo; o quizá buscaba también una excusa -cara- de marcar su territorio. La presentación fue en Madrid, pero su mentor, Manuel Chaves, no fue.

De aquella costosa web, nunca más se volvió a hablar. ¿Seguirá activa? ¿Cuánto cuesta sostenerla? ¿A cuántos euros nos sale cada visita que recibe? ¡A quién le importa ya!]

TODOS AL ASALTO DE LOS PRESUPUESTOS

Busco definiciones de "política" y no encuentro ninguna en que la expresión "mamoneo" o el adjetivo "hipócrita" tengan hueco. Pero basta repasar el Boletín Oficial del Estado para advertir que mamoneo e hipocresía son dos palabras que adornan perfectamente la actividad política española.

Nos hundimos en la miseria económica, pero nuestros diputados y senadores, esos que todavía no han empezado a trabajar, y que no van a tener tiempo de calentar el escaño cuando ya cojan el mes largo de vacaciones de Navidad, cobran nómina desde el día 21 de noviembre, fecha de las elecciones. Eso es como si alguien te dice que te contratará dentro de un mes, pero que no te preocupes, que aunque no hayas firmado el contrato ni te pase por tu puesto, vas a cobrar... mamoneo... hipocresía.

Nos hundimos, sí, pero hay 2.200.000 euros para que se lo repartan las fundaciones de TODOS los partidos políticos con excusas de lo más peregrino.

Lo firmaba el cinco de noviembre Soraya Rodríguez Ramos, secretaria de Estado de Cooperación Internacional y aquí lo contamos nosotros:
-El Partido Popular recibe 1.019.920 euros para que la FAES de José María Aznar desarrolle cuatro programas sobre libertad, democracia y partidos políticos en países en desarrollo.

-El PSOE por medio de la Fundación IDEAS en la que ya tiene despacho José Luis Rodríguez Zapatero junto a Felipe González, recibe 974.820 para fortalecer la democracia con jornadas, encuentros, charlas... Pero no crean que el PSOE percibe menos que el PP, 122.140 euros son para el PSC, por lo que en total son 1.096.960 euros.

Dos millones de euros dan para mucho, y sinceramente, cuestionar lo que se llevan en subvenciones los sindicatos y la patronal mientras la FAES sólo para "cooperación internacional" arrambla con un millón largo de euros sólo este año, pues no tiene por dónde cogerlo.

Pero claro, es que lo hacen todos, es que no pedir a quien está dispuesto a dar es del género tonto. Al PP habrá que juzgarlo por lo que haga con estas cuestiones en cuanto Mariano Rajoy empiece a ser el director del BOE, esa revista tan influyente.

Si en los casos mencionados indignan las cantidades, en el caso de otros partidos lo que indigna es la actitud.

Por ejemplo, es incomprensible que un partido nacionalista catalán como ERC se lleve 18.040 euros para "intercambio para el fortalecimiento del sistema democrático internacional" por medio de la Fundación Josep Irla; y que UDC con el Instituto de Estudios Humanísticos Miquel Coll y Alentom logre 12.320 euros para "participación en procesos de integración", y CDC pille 40.260 euros para "liderazgo social y político en Colombia" y en el magreb... a ver... ¡que son nacionalistas catalanes!

¡que no tienen nada que hacer ni en el Magreb, ni en Colombia ni en el mundo mundial!

Otros nacionalistas, quienes por tanto debían tener el objeto de su ser político en la defensa de nación son los gallegos de BNG, que se hacen con 9.240 euros mediante su fundación Galiza Semper, que destinarán a "encuentros internacionales".

Y luego están los de UPyD, que también tienen fundación, se llama Progreso y Democracia -poco originales- y que con el pedir y se os dará, pues logran 2.860 euros para "desarrollo y ampliación de la web/portal democracia en Latinoamérica II".

Total, 2.200.000 euros de los Presupuestos Generales del Estado que se reparten proporcionalmente los partidos políticos (es decir, no se trata de que unos proyectos sean mejores que otros, más convenientes, más necesarios... no, la clave es la proporcionalidad distributiva), que lo hacen mediante fundaciones (ya saben, como la de Urdangarín, que son sin ánimo de lucro... pero algunas nóminas habrá que pagar a quienes trabajan en ellas, y algunos servicios habrá que pagar a quienes les encargan desde folletos a viajes o se remuneran conferenciantes y se abonan habitaciones de hotel, comidas), que esto que contamos es sólo el caso de "cooperación internacional" y hay muchos más sitios de donde pillan, que pillan mientras critican que se pille y anuncian que prohibirán el pilla-pilla.

[Tanto criticar lo que se "llevan" los sindicatos, lo que se lleva la patronal, lo malos que son todos, y ahí tienen a UPyD, pillando como el que más.

Pero no sólo eso, tuvimos la paciencia de buscar la fundación de Rosa Díez, revisarla de punta a cabo, y descubrimos que estaba prácticamente abandonada a pesar de las generosas subvenciones para mantenerla activa, aun siendo tan cuestionable su propio sentido.

Desde que Mariano Rajoy recién elegido presidente del Gobierno central anunció la reducción de las aportaciones públicas a los partidos políticos, hasta que tuvo forma, llegó al Congreso y se votó favorablemente pasaron unos ocho meses. La reforma laboral y la subida de edad de jubilación tuvieron una agilidad en su tramitación "un poco" más ágil.]

LA SOLIDARIDAD BIEN ENTENDIDA

Eso es lo que deben pensar los socialistas que están al frente del Gobierno de Andalucía, que la solidaridad bien entendida comienza por uno mismo. Por eso no tienen empacho en que Andalucía sea el país destinario de más ayudas de la Junta de Andalucía para cooperación internacional de ayuda al desarrollo. Y ojo, el término "país" está usado en este caso por dos motivos, siendo el primero que según el DRAE es una palabra aplicable tanto a una nación, como a una región, como a una zona territorial, y por lo tanto es perfectamente compatible con la realidad (nacional) andaluza establecida por el Estatuto.

Pero es que además, el término es el se utiliza en el Informe 2009 de la Agencia Andaluza de Cooperación Internacional al Desarrollo a la hora de hacer sus listados sobre ayudas, subvenciones, programas y demás, puesto que con toda lógica, al margen de Andalucía lo demás son lo que habitualmente entendemos por países (con Estado, para aclararnos).

Sorprende que Andalucía reciba más del 12% del dinero de esta Agencia, y que además sea la que tiene más programas destinados. Es decir, que es Andalucía el objetivo prioritario de las ayudas y subvenciones de la Junta de Andalucía para el desarrollo internacional.

Si eso resulta poco menos que una broma, no lo es menos observar a qué se destina, y así es una chufla encontrarse con que igual se paga al Ayuntamiento de Alcalá la Real para "fortalecer" (¿la doparán?) una página web destinada a un festival de música, que a que un grupo de jóvenes se reúnan a costa del Ayuntamiento de Purchena (Almería) vía AACID para hablar de turismo rural sostenible.

De cualquier modo esto se fundamenta en el propio absurdo en el que cae esta Agencia que depende de la Junta de Andalucía, ya que es precisamente la Junta de Andalucía la entidad a la que más programas se le aprueban y la que más dinero recibe, por lo que cabe preguntarse qué sentido tiene entonces que esta entidad.

Dicho de otro modo, la Junta da casi cien millones de euros a la AACID, y luego la AACID destina la mayor parte de sus recursos a las iniciativas de la Junta.

¿Será que por medio, en ese va y viene, se quedan cuatro millones y medio de euros, que es lo que cuesta mantener la estructura burocrática de la propia Agencia?

Lo dicho, que la solidaridad bien entendida comienza por uno mismo. Y no me refiero a Andalucía.

[Resulta que por un lado la administración da dinero a las fundaciones de los partidos políticos para cooperación internacional, y mientras, dinero para la cooperación internacional se dedica al propio país.

Si lo primero no tiene justificación ninguna -pero como todos se benefician, ninguno pide que se acabe con ello- lo segundo es una manera como otra de engañarnos a nosotros mismos. Y ese fue el sentido con el que algunos medios de papel y digitales de fuera de Almería recogieron este tema, si bien apuntaron a los datos generales de Andalucía en vez de al concreto de nuestra provincia.

Nos engañamos porque teniendo cifras inasumibles de paro y pobreza para lo que es el entorno europeo en el que nos movemos, parecemos ricos cuando tenemos una suma tan elevada destinada a la solidaridad internacional; y volvemos a engañarnos cuando la mayor parte de ese dinero lo dedicamos a nosotros mismos.

Y que el dinero de la ayuda a los más desfovorecidos del mundo acabe costeando el mantenimiento de una página web de un pueblo de Almería, o unas jornadas turísticas es un insulto.]

SEIS MILLONES DE NADA

La Agencia de Gestión Agraria y Pesquera de Andalucía, uno de los nuevos entes creados por el Gobierno andaluz para la reordenación del sector público, se ha estrenado saltándose la ley para llevar a cabo una adjudicación de seis millones de euros, según ha conocido Noticias de Almería.

Esta Agencia, dependiente de la Consejería de Agricultura y Pesca de la que es titular Clara Aguilera, sacó a contratación pública el suministro de renting de vehículos para la Agencia de Gestión Agraria y Pesquera de Andalucía para las ocho provincias andaluzas, con el número de expediente L/03/110433 sin la autorización de la Dirección General de Patrimonio de la Consejería de Hacienda y Administración Pública que es obligatoria.

El coste estaba cofinanciado en un uno por ciento por el Fondo Europeo de Pesca de la Unión Europea y el procedimiento se puso en marcha el pasado dos de noviembre por orden de la gerente de la Agencia, Isabel Liviano Peña, pero sólo dos días más tarde la misma gerente tuvo que proceder a sus desestimiento alegando que se había "omitido la petición de autorización previa a la Dirección General de Patrimonio de la Consejería de Hacienda y Administración Pública, y tratándose de una infracción no subsanable de las normas de preparación del contrato, resulta necesario desistir del procedimiento, y, en su caso, iniciar un nuevo procedimiento de contratación, informando de ello a la Comisión Europea por haber sido anunciado en el Diario Oficial de la Unión Europea, todo ello de conformidad con el artículo 139 de la Ley 30/2007, de 30 de octubre, de Contratos del Sector Público".

El Decreto 39/2011, de 22 de febrero, por el que se establece la organización administrativa para la gestión de la contratación de la Administración de la Junta de Andalucía y sus entidades instrumentales y se regula el régimen de bienes y servicios homologados, dispone en su artículo 44 que la adjudicación de los contratos de suministro de vehículos homologados precisará la previa autorización de la Dirección competente en materia de Patrimonio, y se ajustará a las instrucciones que dicte la persona titular de este centro directivo.

[Estamos poniendo algunos ejemplos de como se usa el dinero público, y con este, está claro que nada puede sorprendernos ya.
Sabemos que el dinero de cooperación internacional acaba en el pueblo de al lado, o como chupan del presupuesto público las fundaciones de los partidos y con qué peregrinos fines, y es que si el responsable de una administración como es el caso, es capaz de sacar a licitación un presupuesto de seis millones de euros, y hacerlo sin seguir los pasos legales oportunos, pues por ocho o diez mil euros tampoco tampoco se van a molestar en muchas historias.
También hemos publicado cómo el entonces consejero de Empleo, el presunto "almeriense" Manuel Recio,

sacaba a concurso en plena crisis un presupuesto para publicidad de tres millones de euros. Luego lo anulaba por falta de recursos económicos, pero ahí es nada, tres millones para publicidad sólo desde la consejería que ha logrado batir récord de parados en Andalucía y en Almería, la consejería de los ERE fraudulentos.]

CONSORCIO PRESCINDIBLE DE ALMERÍA

Después de una semana dándole vueltas, la verdad, en Noticias de Almería no hemos encontrado argumentos presupuestarios que justifiquen le Consorcio Metropolitano de Transportes de Almería. Es este, seguramente, uno de esos chiringuitos que el Partido Popular debería comprometerse a suprimir en el caso hipotético de que Javier Arenas se convierta en "presidente por Almería".

Insisto, hemos estado mirando presupuestos de los últimos años y las liquidaciones de los mismos, y el resultado es tan llamativo que no daba para hacer una noticia, ya que el despropósito aparece tan descarnado que no hay por dónde cogerlo. Al final resulta que como vemos en otra de nuestras informaciones, el Consorcio recauda dinero de las administraciones para pagar a las concesionarias del transporte la diferencia entre el coste del billete y la rebaja que supone para el usuario usar la tarjeta, algo que podría hacerse sin tener que montar una entidad en la que necesita para ello pagar casi un cuarto de millón en nóminas (previsión para 2012) con cinco o seis trabajadores nada más, y que además tiene que recibir dinero para su sostenimiento de las administraciones y un porcentaje sobre el precio del billete.

Se ha creado algo que básicamente existe para autoalimentarse. Sin su existencia se podría hacer lo mismo pero por menos dinero (lo que cuesta su estructura).

Se supone que el objetivo de este Consorcio es coordinar el transporte público del área metropolitana de la capital, nada más, pero para ello en 2012 se van a gastar más de cuatro millones de euros, de los que casi un cuarto de millón corresponden a sueldos... de media docena de personas, de los que la mitad además son "alta dirección".

¿Entonces a qué se dedicará el resto del dinero? Pues bueno... es complicado saberlo... a pintar autobuses para que se vea que son del Consorcio, a publicidad del Consorcio, a marquesinas con la imagen corporativa del Consorcio, al mantenimiento de las instalaciones del Consorcio... y poco más, siendo el bocado principal el dinero que hay que pagar a las empresas concesionarias del servicio de transporte como compensación de la rebaja del precio del billete que supone el uso de la tarjeta común que emite el Consorcio.

Es decir, se monta todo esto para que al final -y es de lo que se trata- al usuario le vendan una tarjeta para viajar por toda el área metropolitana. ¿De verdad que no puede hacerse esto por menos de cuatro millones de euros?

Los ingresos también son interesantes de analizar. Por un lado están los ayuntamientos, que en su mayoría son deudores, es decir, que no pagan, por lo que la otra fuente de ingresos principal que es la Junta de Andalucía, pues... bueno. En la liquidación del año 2010, hemos podido ver que de esas fuentes de financiación esperaban recibir 805.975 euros, de los que 357.580 euros provendrían de la Administración autonómica y 311.150 euros de ayuntamientos y Diputación; pues bien, la Junta puso 110.229 euros y el resto 27.015,90 euros, que suman 137.245 euros... con lo que se cubrieron las nóminas por 172.863 euros y poco más, y gracias a que quedaron en eso, y no en los casi trescientos mil euros presupuestados inicialmente para ese ejercicio.

Siendo excelente la idea que inspira el Consorcio, resulta evidente lo desproporcionado de su presupuesto en relación con la realidad. Es mucho más fácil y sobre todo económico, que desde la administración se pacte un tarjeta con las empresas concesionarias, con quienes nunca puede haber problema puesto que al tratarse de concesión es tan sencillo como incluir en el pliego de condiciones esa exigencia. No es necesario pintar iguales los autobuses, no es necesario poner marquesinas iguales, no es necesario gastar tanto y tanto... y la prueba es que el Consorcio está abierto a pesar del impago de las administraciones que lo sustentarían, y lo hace no gastando en aquello que presupuesta... y no pasa nada.

Eso sí, para 2012, la Junta de Andalucía se compromete a poner más dinero del que puso el año anterior, lo que no dice es si también lo pondrá todo o lo pondrá en la misma proporción que en ejercicios pasados.

Tal vez, el hecho de que su máximo responsable tenga su paso por la Mesa de las Infraestructuras de Almería, como clave de su experiencia en el sector, explique el buen rumbo de este Consorcio tan económico como eficaz.

[Nada más colgar la primera noticia sobre este asunto en el periódico recibí la llamada del alcalde de Níjar, Antonio Jesús Rodríguez, diciéndome que eso mismo es lo que él había expuesto en la última reunión del Consorcio, que no entendía la utilidad, que el dinero se iba en los propios gastos de estructura.

Quien también reaccionó fue "alguien" que dejó tres o cuatro comentarios a la primera información, si bien no podía desmentir unos datos que estaban extraídos directamente de sus propios documentos oficiales. No se identificó el anónimo comunicante, pero resultaba obvio que conocía muy bien la entidad, y estaba enormemente interesado en mostrar su utilidad.

El mismo anónimo comunicante volvió a usar la vía de los comentarios para mostrar su satisfacción por la segunda parte del reportaje, en la que dejábamos en evidencia que nadie aporta lo que tiene que aportar al Consorcio. Parecían sus palabras como un alivio, como un decir "no podemos hacer nada porque nadie paga", y es que nadie lo necesita.

El Ayuntamiento de Almería también mostró su intención de marcharse de este organismo que, atendiendo a los números, no tiene el menor sentido más allá de que a la Junta de Andalucía le guste poner su logo en los autobuses... sí, ese logo en el que la bandera siempre tiene los colores invertidos.

El hecho es que entre chiringuitos como este, lo de las fundaciones de los partidos políticos, los chanchullos de la Universidad de Almería, las Qs... pues ya ven por donde se nos van los dineros públicos.]

OFICINAS CON VISTAS AL PONIENTE

La empresa pública Aguas de las Cuencas Mediterráneas S.A (ACUAMED) pagó al ex interventor del Ayuntamiento de El Ejido implicado en la Operación Poniente, José Alemán Bracho, el precio más caro que nunca ha hecho efectivo por el alquiler de unas oficinas en Almería, según datos a los que ha tenido acceso Noticias de Almería.

En concreto, el imputado por cinco delitos y hoy en libertad bajo fianza de 600.000 euros, cobraba 5.787,20 euros al mes de Acuamed, por medio de Sistemas de Dirección SL, la mercantil a quien el Fiscal Anticorrupción otorga un carácter instrumental para encauzar las presuntas comisiones ilegales que obtenía Alemán, socio mayoritario de la misma.

Las oficinas de Puerta Purchena número 14, propiedad de Sistemas de Dirección SL, costaban a Acuamed más de 30 euros el metro cuadrado, a pesar de lo cual se trasladan a ellas y dejan las que tenían en el Paseo de Almería número 37, donde el precio era de 20 euros metro cuadrado.

Pero no sólo es que se mudan a ellas, si no que, tal como dejó al descubierto el operativo de intervención de llamadas telefónicas por mandato judicial en el transcurso de la investigación de la Operación Poniente, el máximo responsable de Acuamed en la provincia, el socialista Juan José

Luque, se resistía a abandonarlas tal como se lo pedía la empresa desde de Madrid.

Luque, según siempre la transcripción de esas llamadas, intentó junto con "Gaby" (un empresario dedicado a la intermediación inmobiliaria y muy relacionado con Alemán) que las ofertas que se presentaran a Acuamed para cambiar de sede fueran siempre peores que la de Sistemas de Dirección SL para poder seguir en ellas.

Las oficinas que ha tenido alquiladas la empresa pública ACUAMED (incluyendo Acusur) en Almería, con especificación de ubicación y período de ocupación, han sido:
1. Del 1 de noviembre de 2004 al 31 de agosto de 2006, oficina sita en Paseo de Almería, núm. 37, 9.º C, 04001 Almería.
2. Del 1 de septiembre de 2006 al 31 de enero de 2010, oficina sita en Puerta de Purchena, núm. 14, 3.º, 04001 Almería.

3. Desde el 1 de diciembre de 2009 está alquilada la actual oficina sede de la Delegación Provincial de ACUAMED en Almería, sita en avenida de Federico García Lorca, núm. 92, 1.º B, 04005 Almería.

Por la primera sede, la empresa pagaba 7.887 euros a la Sociedad Administración Financiera e Inmobiliaria, S.L., lo que suponía un precio por metro cuadrado de 20 euros; por la segunda 5.787,20 euros a Sistemas de Dirección SL lo que representa 30 euros por metro cuadrado, y la tercera es la que alquilan a Zofre Inversiones SL por 25.344 euros/año (más IVA), incluyendo en dicho precio los gastos de aparcamiento, reparaciones necesarias para el adecuado uso del local y los impuestos.

El cambio de oficina de Puerta Purchena, 14 a la actual ubicación de la Delegación Provincial en avenida de Federico García Lorca, núm. 92, 1.º B, viene motivado por razones operativas (adecuación de espacios y necesidad de archivos), según la información oficial de Acuamed.

El contrato de alquiler de la Oficina de Puerta Purchena, 14 permitía la rescisión unilateral del mismo, por lo que, a principios de septiembre de 2009, se comunicó dicha rescisión.

Se da la circunstancia de que el alquiler de la sede no tiene porqué salir a concurso, ya que depende el procedimiento de la cuantía, y es precisamente a raíz de esta última circunstancia cuando tiene lugar la siguiente conversación intervenida judicialmente:

En una llamada a Alemán por alguien que podría ser de una conocida inmobiliaria almeriense con quien aparece en numerosas conversaciones, le dicen lo siguiente:
X: «¡Ah, la de Acuamed! Que éste pidió que le pasara varios presupuestos para quedarse con la tuya, sabes... [en la transcripción policial se expone que parece que dice «se lo habían mandado»] De ahí, de Madrid. Es que ahí tiene que haber alguna movida, sabes, Pepe».

Más adelante hay otra referencia en el siguiente sentido y con la misma persona:

X: «Y entonces yo hablé con Juan José Luque, y tal, y dice bueno mira como... Juan José Luque no se quiere ir, porque ya el acuerdo que habíamos llegado le parecía interesante y entonces dice bueno pásame ofertas para que yo pueda justificarla ante Madrid. Le había pasado ofertas más caras, lógicamente, de locales y demás. Para que él pueda tener la justificación en Madrid pa' que, claro, como aquí ya parece ser que están detrás de... de... A ver por qué esto se hizo así»

En otra la Policía Judicial refleja lo siguiente:

«Le llama Gabi y le dice: 'me acaban de llamar otra vez de Acuamed. Me han dicho que aparte de las ofertas que yo las pasé, que lógicamente las he pasado para que te favorezcan a ti, y me ha dicho (dice un nombre de alguien ajeno a la vida pública, probablemente algún técnico de Acuamed) mándame por lo menos de la oferta esa de la oficina en cuánto se queda. Yo tengo aquí la que tú y yo hablamos de cuatro mil quinientos, antes de yo meter la pata, IVA incluido no. Aparte IVA y demás».

Tras estallar la Operación Poniente en octubre de 2009, y ser detenido Alemán, se produce el cambio de oficinas ya sin excusas y al parecer, pese a Juan José Luque.

Luque, en su cargo de director territorial, tenía en aquellos momentos en su poder presupuestos para trasladar la sede tal como le pedía, lo que le hubieran permitido ahorrase la mitad de ese dinero, según la información a la que ha tenido acceso Noticias de Almería.

Como señalábamos, en el transcurso de las charlas telefónicas, ese intermediario le dice a Alemán, que Luque le ha propuesto que localice otros presupuestos, pero de tal modo que la mejor opción sea mantener el contrato que tiene con Sistemas de Dirección SL.

Según ha podido constatar Noticias de Almería de un informe oficial, Luque tenía sobre su mesa las siguientes ofertas concretas:

En Avenida Federico García Lorca, podría pagar 2.449,92 euros al mes, con lo que el metro cuadrado salía a 10,21 euros, y además tenía aparcamiento, comunidad e impuestos incluidos; además otra oferta era Paseo de Almería 45, a 11,78 euros el metro cuadrado con una mensualidad de 2.088 euros pero sin aparcamiento ni impuestos incluidos; en la calle Arapiles número uno, a 10,10 euros el metro, con un coste mensual de 2.261 euros, sin aparcamiento pero el precio incluía los impuestos y la comunidad; y por último, la propuesta más cara era en Conde Ofalia, a 20,45 euros el metro cuadrado, un coste mensual de 4.000 euros e igualmente sin aparcamiento pero incluyendo comunidad e impuestos. Hay que recordar que en la sede que tenía en ese momento propiedad de Alemán, pagaba casi seis mil euros y el metro cuadrado le salía a 30 euros.

En ese mismo informe sobre los alquileres de sede de Acuamed en Almería, se detalla que además de estas propuestas concretas, se consideraron otras cuyas ubicaciones eran en Polígono de la Mezquita y en la zona del Estadio de los Juegos Mediterráneos, si bien ambas se descartaron por la lejanía al centro administrativo de Almería y por el estado de los locales, que requerían una gran inversión para su adecuación.

Es precisamente en septiembre de 2009 cuando en Acuamed deciden que hay que cambiar de sede, y al mes siguiente cuando se produce la Operación Poniente en la que uno de los principales imputados es Alemán, el máximo accionista de la empresa que les tiene alquilado el local, y a la que su responsable en Almería se aferra con denodada fuerza. Con Alemán ya en prisión incondicional, el contrato se rescinde a primeros de 2010.

Alemán, interventor municipal accidental y funcionario de los ayuntamientos de El Ejido y Almería, está en libertad bajo fianza a la espera de juicio por la operación Poniente de la que este tema es sólo una anécdota. Acumula o acumulaba 23 cargos en un total de 16 empresas, destinadas a actividades tan diversas como Captación, Depuración Y Distribución De Agua, Promoción Inmobiliaria Construcción De Redes Para Fluidos, Venta De Automóviles Y Vehículos De Motor Ligeros, Intermediarios Del Comercio, Transporte De Mercancías Por Carretera, Hoteles Y Alojamientos Similares, Otras Actividades De Telecomunicaciones, Otras Actividades De Consultoría, De Gestión Empresarial, Servicios Técnicos De Arquitectura, Servicios Técnicos De Ingeniería Y Otras Actividades Relacionadas Con El Asesoramiento Técnico, Agencias De Publicidad, Otras Actividades De Apoyo A Las Empresas N.c.o.p. Y Otras Actividades Deportivas.

[Había que seguirle la pista a las oficinas y se lo seguimos. De nuevo en este asunto las repercusiones tuvieron lugar en medios de comunicación no almerienses, y eso que hablamos de la Operación Poniente.

En las llamadas intervenidas y publicadas por casi todos los medios locales, sólo queda constancia del comentario, pero no hay pruebas. Alguien dice que otro alguien ha recibido la orden de buscar unas oficinas más baratas, pero que ese alguien prefiere seguir donde está, así que más o menos le sugiere que amañe la historia, que se las arregle para presentar ofertas que conduzcan a decidir que la actual ubicación es la adecuada a pesar del precio.

Eso no dejaba de ser un comentario por terceras personas, asi que había que tirar del hilo para aportar las pruebas. Y ahí están, cuando cobraba el interventor imputado José Alemán, y cuales eran los presupuestos que le presentaron Juan José Luque, esos presupuestos que eran más baratos pero pese a lo cual fueron descartados para poder seguir donde estaban.

Más allá de las peligrosas relaciones que refleja esto - en realidad todo lo que tiene que ver con la Operación Poniente- lo que está claro es la alegría con la que algunos manejan el dinero público. Porque me gustan las vistas desde mi despacho, o porque está más cerca de casa, o porque el restaurante de al lado es buenísimo, me da igual que las oficinas cuesten el doble, que pagan los andaluces, no hay problema, si será por dinero, hombre!!!]

LA VOZ DEL AMO

Funcionarios del Ayuntamiento de El Ejido, próximos al ex interventor municipal José Alemán, que estuvo prisión incondicional imputado en la Operación Poniente, aparecían con accionistas iniciales del periódico local La Voz de El Ejido, de la que se distancian a los dos meses de la intervención judicial.

La empresa editora de esta publicación es Great Ediciones, una Sociedad Limitada que constituyen a partes iguales los funcionarios municipales Luisa María Maldonado Giménez, José Francisco Aguilera Aguilera, y el proveedor del Ayuntamiento Basilio Veiga Regalado, quien figura como director en la mancheta, y que al final se quedó como socio único tras apartarse los dos anteriores en diciembre de 2009, y así hasta que cerró definitivamente.

Maldonado y Aguilera pusieron al igual que Veiga, 1.010 euros cada uno para crear esta empresa que, según comentaba el ex interventor en una llamada telefónica intervenida por la Policía Judicial el dos de octubre de 2009 y según se recoge el siguiente párrafo: "Le pregunta su interlocutor si se podría publicar algo donde se hable un poco de la empresa y alguna foto, en La Voz de El Ejido, y que si habría que pagar algo ahí. Respondiendo Alemán "Claro, si eso es mío". Diciéndole que publican lo que él quiera."

Esas palabras contrastan con los datos del Registro Mercantil, donde Basilio Veiga Regalado figura como socio y administrador único de Great Ediciones, editora de la publicación que nació en enero de 2007.

Esta empresa, que fue constituida con el capital mínimo legal el once de diciembre de 2006, y la imprenta Grafisur, de la que es propietario, tienen el mismo domicilio social que el periódico.

De las llamadas entre Veiga y Alemán se reconoce cómo el ex interventor interviene directamente en los contenidos de la publicación, desde los titulares hasta el enfoque de las informaciones. Veiga mantiene también una estrecha relación con otros imputados encarcelados, como el empresario Juan Antonio Galán y el alcalde Juan Enciso.

Pero con quien también mantiene una relación fluida sobre el periódico Alemán es con Maldonado, con quien el 24 de junio de 2009 comentan los pagos que va a hacer Elsur, y le indica que "a Basilio no le han puesto nada, cero, llevan dos meses puteándolo". Hay que recordar que Elsur, cliente publicitario del periódico, es una empresa mixta del Ayuntamiento de El Ejido, municipio para el presta los servicios de mantenimiento de servicios urbanos, y que ahora está en el centro de la polémica por su vinculación a la Operación Poniente y por el Expediente de Regulación de Empleo que tiene aprobado, así como por el despido de 16 trabajadores.

El 15 de octubre de ese mismo año hay otra llamada registrada, y en ella Alemán le pregunta a "Luisa" sobre la publicidad en el periódico, en concreto sobre "si la Junta está poniendo dinero en el periódico, ella le dice que no, que parece que no". En esa misma conversación y en ese mismo móvil se pone "Paco", a quien le hace la misma pregunta, pero concretando "si Turismo de la Junta pone dinero en el periódico, le responde Paco que no".

Estos dos funcionarios del área municipal que estaba bajo la dirección de Alemán, han sido también los encargados -según fuentes municipales- de elaborar el Plan de Saneamiento Municipal del Ayuntamiento de El Ejido, pendiente de su aprobación definitiva por la Junta de Andalucía.

Documentalmente es el dueño de la imprenta Grafisur de El Ejido, Basilio Veiga, quien aparece como propietario de la publicación, hasta el punto de figurar como director de la misma, y es el principal proveedor para temas relacionados con impresión del Ayuntamiento ejidense, según reconocen fuentes municipales. Es más, en las primeras conversaciones intervenidas, la policía etiqueta a Veiga como "encargado de publicidad del Ayuntamiento", lo que también denota la estrecha relación que tenía con la institución.

La policía anota el dos de octubre de 2009 el siguiente texto de una llamada que "Jaime" hace Alemán: "Le pregunta su interlocutor si se podría publicar algo donde se hable un poco de la empresa y alguna foto, en La Voz de El Ejido, y que si habría que pagar algo ahí. Respondiendo Alemán "Claro, si eso es mío". Diciéndole que publican lo que él quiera."

Entre los anunciantes de esta publicación figura de modo destacado la empresa mixta de servicios municipales Elsur, que está en el centro de la investigación judicial de la Operación Poniente. A pesar de los problemas que tiene esta entidad para pagar a sus trabajadores, hasta el extremo de estar negociando un nuevo Expediente de Regulación de Empleo (ERE), sigue su anuncio en portada de la publicación local.

Se da la circunstancia también, de que la telefonía móvil utilizada en La Voz de El Ejido estaba gestionada por una empresa que comparte domicilio con "Sistemas de dirección" en la capital almeriense. Esta mercantil es la que según las investigaciones de la Fiscalía, podría ser la utilizada por Alemán para cobrar presuntas comisiones ilegales. De hecho, como ya mostró Noticias de Almería, en el buzón aparecen los tres nombres juntos, el del ex interventor y las dos empresas.

Curiosamente en enero de este año, y ya con Alemán en prisión, se cambió de compañía telefónica.

Las llamadas para decidir contenidos son constantes, pero por destacar alguno, podría reseñarse la llamada que tiene lugar el quince de septiembre de 2009, en la que Alemán llama a Veiga poco antes de las once y media de la mañana, y le dice que "si va a ir por allí porque ha hablado con el alcalde (Juan Enciso) y hay un par de cosas que sacar en el periódico".

En una conversación mantenida entre Veiga y Alemán el 20 de mayo de 2009, se muestra quién controla realmente la publicación, ya que tiene lugar a las 21:49, es decir, justo antes del cierre de la edición. En ella el director y propietario llama al ex interventor para contarle los contenidos de portada, el titular, fotos... e incluso los textos valorando las palabras utilizadas.

Es decir, contacto por las mañanas para ver temas, y por la noche para conocer como saldrán las noticias.

Por si esto fuera poco, documentación del Ayuntamiento de El Ejido sirvió para que el periódico La Voz de El Ejido presentara sus cuentas ante el Registro Mercantil, según comprobó Noticias de Almería en los archivos sellados por esta institución y relativas a las cifras de 2008 presentadas en 2009.

La "Memoria Abreviada del Ejercicio 2008" de la empresa Great Ediciones SL, editora de la publicación La Voz de El Ejido, sellada por el Registro Mercantil, aparece encabezada por el nombre de otra, en concreto de "Desarrollo Urbanístico de El Ejido SL", empresa pública del Ayuntamiento ejidense conocida bajo la siglas DUE, y que en su última actuación ha puesto en marcha un grupo de viviendas protegidas en el núcleo de Balerma.

Pero no sólo figura ahí el nombre de la empresa municipal, ya que en el epígrafe dos, titulado "Bases de presentación de las cuentas anuales", en el punto 2.1 referido a "Imagen fiel", puede leerse textualmente: "Las cuentas anuales se han preparado a partir de los registros contables de Desarrollo Urbanístico SL, y muestran la imagen fiel del patrimonio, de la situación financiera y de los resultados de la sociedad".

Justo antes de esto, en "Actividad de la empresa" sí se indica que el documento que se registra es de "Great ediciones SL", que tiene por objeto "la edición de periódicos y revistas", y cuyo domicilio social "y centro de trabajo" está en la calle Granada número 5 de El Ejido, el mismo de la imprenta Grafisur.

El hecho de que las cuentas de la empresa Great llegaran hasta el Registro Mercantil con el encabezamiento de la municipal DUE, y que hasta este dato se vuelva a repetir en el apartado 2.1, en principio podría tener dos explicaciones posibles. Podría tratarse de que quien ha elaborado la contabilidad a presentar ante el Registro tomara como base la redactada para la empresa municipal, para lo cual, o resulta que lo hizo en las propias dependencias municipales y por tanto se supone que en su horario de trabajo habitual; o de lo contrario se llevó el archivo propiedad del Ayuntamiento a otro lugar para utilizarlo con este fin.

[Es quizá éste uno de los ejemplos más burdos de intento de control mediático, si lo sumamos al "a sus órdenes" y el "vamos a intoxicar con esto" del en ese momento infame director de la radio municipal ejidense, reconvertido ahora en aleccionador "periodista independiente".
Aquí vemos cómo lo peor que le puede pasar a un presunto delincuente es ser, además, fanfarrón. Es decir, que reconoce ser el dueño de algo de lo que oficialmente no es, pero como es más listo que nadie, presume de serlo, como le ocurre en numerosas de las llamadas intervenidas en la Operación Poniente.
Estos probos funcionarios fueron posteriormente los autores del plan de saneamiento 2011-2013 al que se

obligó a someterse al Ayuntamiento de El Ejido por parte de la Junta de Andalucía, que por tres veces se lo devolvió, gobernando en se momento el PAL todavía.

No sólo eso, es que el aprobado definitivamente por los de Juan Enciso (PAL) y los de Guadalupe Fernández (PSOE) es considerado "papel mojado" por la auditoría sobre las cuentas municipales que encargó el PP a la empresa ATD, por partir de datos falsos.

Es que hay que creerse no sólo mucho más listo que los demás, si no también absolutamente impune para cometer errores como el de presentar ante el registro la documentación de la empresa del periódico elaborada sobre una plantilla de una empresa municipal... eso es no haber conocido los límites entre lo público y lo privado nunca.

Este panfleto ya desaparecido, pasó de defender a muerte al PAL y al alcalde Juan Enciso, de defender la viabilidad económica del Ayuntamiento de El Ejido, de machacar al PP y al PSOE, a hacer todo lo contrario en el transcurso de una semana. El PAL era un proyecto fracasado, el alcalde no debía presentarse a la reelección, el Ayuntamiento estaba cargado de deudas y mal gestionado, y las portadas se las repartían entre el PP y el PSOE proporcionalmente... y es que en un inicial acuerdo dominaron los socialistas unas semanas, para posteriormente y tras una comida con el candidato popular el asunto se equilibrara.

Este episodio sirve para traer a colación otros en los que la Operación Poniente dejaba en evidencia cuestiones poco edificantes sobre algunos medios de comunicación, como aquella conversación en la que periodista que trabajaba en una consejería de la Junta de Andalucía dice a otro periodista que Martín Soler -en aquellas fechas consejero y presidente del PSOE de Almería- sacaba dinero "a espuertas" para financiar medios afines en su provincia, o aquel otro caso de uno de los socios de una revista agraria que comunica a otro que ha logrado publicidad de la administración autonómica, algo que ocurría tras reconocer que se llevó "casi de putas" al delegado correspondiente.

No menos llamativo fue descubrir que mientras todo el mundo daba por hecho que Ejido TV era el ojito derecho de Enciso, éste maniobra con otros para montar una televisión municipal que neutralizara a la de José Díaz, y eso sería pactando con Localia, la controlada por Novotécnica (La Voz de Almería), uno de los supuestos enemigos.]

PERO QUE MAL HUELEN

En pocos días hemos tenido asombrosas noticias de tres empresas que se mueven entre lo inmoral y lo ilegal.

Hemos observado cómo lo Cámara de Cuentas apunta claramente al delegado de Bienestar Social de la Junta de Andalucía, Luis López, de cometer una serie de irregularidades en la contratación de la empresa Construcciones J. Lorenzo, sin que el aludido se dé por tal, y sin que nadie le pida explicaciones de por qué hizo todo lo que este órgano de fiscalización dice que hizo y no debió hacer.

Nos hemos enterado de que este empresa está vinculada por vía de parentesco con el alcalde de Serón... que es del PSOE... y con una de sus ediles... también socialista... igual que el delegado... ¿qué curioso, no?

En estos días también hemos conocido que una empresa, Dizu, propiedad de un destacado socialista, Tomás Zurano, que tan destacado es que ha sido asesor para temas de urbanismo del PSOE designado por Martín Soler (dios le conserve la vista), ha recibido contratos de la Junta de Andalucía por valor de tres millones de euros desde que lo imputaron en el primer sumario en el que lo está, el de Huércal Overa, en el que también aparece el alcalde... socialista, Luis García Collado. Está imputado en otro sumario más, el de la Operación Costurero, pero eso tampoco le importó a la Junta para seguir adjudicándole obra pública, en la mayor parte de las ocasiones utilizando la vía de urgencia en vez de la normal.

La pregunta no es ya si pueden adjudicarle esas obras, que se supone que sí, si no lo curioso que resulta que haya logrado tan sustancioso contratos alguien que está pringado hasta la médula en dos sumarios, y si quizá no se buscará... no sé... que no le falta de ná cuando tenga que pagar una multa... o lo que tenga que pagar.

Es conocido que los hermanos Lirola, imputados en la Operación Poniente, acaban de recibir otra estupenda adjudicación por parte del Ayuntamiento de El Ejido, y no seré yo quien dude de la legalidad de esta decisión, pero es significativa.

Es significativo que los Lirola constituyeran una empresa destinada a hacerse con esa oferta que... mira por donde, les ha acabado tocando a ellos.

Y mientras todo esto pasa, mantendremos las orejas puestas en el Congreso, a ver qué responde el Gobierno sobre la sede de Acuamed en Almería. Según las llamadas intervenidas por la Policía Judical en el transcurso de la Operación Poniente, está bastante claro que el delegado de la misma en Almería, Juan José Luque (de infausto recuerdo para el medioambiente almeriense) y el ex interventor del Ayuntamiento de El Ejido, José Alemán, se pusieron de acuerdo para que esta sociedad pública se quedara en unas oficinas del segundo en vez de irse a unas más baratas como le habían ordenado.

Ninguno de estos caso supone en principio una ilegalidad, pero son ejemplo de como algunos pueden bordear la ley para su propio beneficio. Y no son pequeñeces. Son muchos, muchos euros. Y joder, huele fatal todo esto.

[Luis López ha dejado la política. Fue elegido diputado en el Congreso y renuncio al poco tiempo afirmando que no se sentía útil, y que en ese caso prefería irse a su casa. Si el gesto era sincero le honra, pero sorprende que lo fuera, ya que alguien con su trayectoria sabe exactamente qué le esperaba en el Congreso y si se iba a encontrar cómodo o no.

Como en esta decisión que informativamente recorrió toda España y salió en la práctica totalidad de medios por lo inusual que resulta, hay cosas que sin dejar de ser aceptadas como razonables tienen su punto raro.

Aquí dejamos varias, y cierto que no son las únicas, pero suponen mucho dinero para unas empresas y unos empresarios sobre los que hay dudas relativas a su rectitud en la relación que mantienen con determinadas personas de determinadas administraciones. Que empresarios imputados sigan recibiendo adjudicaciones por parte de otros imputados es algo más que curioso.

Pero no sólo ocurre por estas tierras. Y es que también desvelamos que los Hermanos Lirola han logrado un sustancioso y millonario (320 millones para ser exactos) contrato para la recogida de basura por parte de la

Ciudad Autónoma de Ceuta por medio de su empresa Ingeniería Lirola.

Uno de los detalles curiosos es que en El Ejido ha estado a punto de perder la concesión municipal no ya por su turbulenta relación con el ex interventor Alemán, a quien presuntamente pagaban 60.000 euros al mes por "asesoramiento verbal", sino porque sencillamente no podían cumplir con el servicio. Ni tan siquiera tenían los camiones que el Ayuntamiento les había pagado para renovar su flota.

Ahogados por la situación, encontraron un socio capitalista que resultó ser Africana de Construcciones y Contratas (ACC) radicada en Céuta. Poco después el Gobierno de la Ciudad saca a licitación la recogida de residuos sólidos urbanos, se presentan Urbaser, FCC y Sacyr, pero se anula la convocatoria.

Se modifican las bases, vuelve a publicarse, sólo se presenta Ingeniería Lirola y lo gana. Una suerte.]

RYNAIR LE ECHA MORRO

Los de Ryanair son unos linces. Primero, sin encomendarse a nadie, anuncian que el 25 de marzo pondrán en marcha una línea Almería-Liverpool, generan interés entre los ciudadanos, entre los empresarios turísticos, y cuando ya lo tienen todo, reclaman al Patronato de Turismo de Almería 200.000 euros, con el aviso de que si no pagan no habrá vuelos.

Con lo aficionados que son los políticos a salir en la foto, Ryanair tiene claro que no serán capaces de decirle que no, que a un mes de unas elecciones autonómicas tan competidas, a ver quién es el que 200.000 cochinos euros no quiere figurar como el político que va generar cientos y cientos de puestos de trabajo, que va a potenciar el turismo en Almería, que va a ponerse la medalla de ser el que abierto una línea aérea que traerá miles de turistas británicos a nuestras costas y a nuestros campos de golf...

Pues eso, que los de Ryanair echaron en el anzuelo pero el pez no picó, y del cabreo rompieron la caña.

El Patronato de Turismo no pidió a esta aerolínea abrir una nueva ruta, pero es que no llegó a haber ni una consulta previa en la que la empresas pudiera deducir que recibiría dinero público, tampoco hubo una negociación sobre este aspecto antes del anuncio oficial y de la puesta de fecha.

A Ryanair le ha salido mal su objetivo de utilizar la opinión pública para presionar a los políticos, porque los ciudadanos creen que ya está bien de subvencionar a empresas que además dicen públicamente que les va muy bien; y por otro les ha fallado que los políticos a quienes pretendían coaccionar no se han dejado... menos mal.

Pero vayamos más allá, a los datos utilizados por Ryanair para arremeter contra el Patronato, y veremos que no se sostiene, tal como demostrábamos en Noticias de Almería.

Lo primero es que difícilmente ha podido gastarse 2,8 millones de euros el Patronato de Turismo de Almería en publicidad cuando hasta 2012 su presupuesto ha sido de medio millón más o menos, y es este año con el PP cuando se ha duplicado. Por tanto, no pueden haber gastado lo que nunca han tenido.

Otro hecho curioso es que se la aerolínea habla que ese dinero es para "promoción conjunta", es decir, que mientras critica que el Patronato gaste dinero en publicidad, lo que dice pedirle es dinero para publicidad... pero con una diferencia, Ryanair quiere "vender" la línea mientras que el objetivo del promocional del Patronato debería ser en todo caso el destino Almería. Es más, debería haber sido la aerolínea quien ofreciera al Patronato su apoyo económico para promocionar nuestra provincia, porque eso les beneficiaría a ellos.

Donde también fallan los número de la low cost es en el de turistas que aportará cada verano a Almería.

Habla de 10.000 británicos que vendrían, pero ciertamente la cifra es bastante exagerada. Después de mirar los datos del Instituto Nacional de Estadística advertimos que en los meses del pasado verano, la cantidad media de extranjeros que pasaron por Almería fue de 20.000 personas, sea cual sea su origen y llegaran en el medio que llegaran.

Es más, si nos fijamos en los datos de AENA, 780.860 personas pasaron por el Aeropuerto de Almería en 2011, ahora pongamos que lo normal son viajes de ida y vuelta, por lo que la cifra se queda en la mitad, luego hagamos la media mensual, y veremos que hablamos de algo más de 32.000, y comparémoslo con los 20.000 turistas extranjeros que dice el INE que hay de media... es decir, que fácilmente cuadran ambos datos, si como señalábamos ni todos vienen en avión ni todos son hijos de la Gran Bretaña.

Y ahora vayamos a los 200.000 euros que pide al Patronato. Si son ciertos esos 10.000 turistas británicos quiere decirse que cada uno de ellos le hubiera costado a los almerienses 20 euros que se habría embolsado directamente la compañía, más lo que el turista en cuestión hubiese pagado por el vuelo.

Desde luego que los de Ryanair tienen mucho morro, y así les está yendo, cancelando líneas recién abiertas, suspendiendo otras, anunciado algunas que nunca se acaban de abrir... como en el caso de Almería, aunque haciendo un repaso por cosas que se encuentran internet da la sensación de que la ruta ya estaba a pleno rendimiento y ahora tendrá que dejar de operar, cuando no es eso.

Sería lamentable que al final el Patronato cediera y pagara a la compañía aunque sólo fuera la mitad. Y es tampoco se entiende que si sus clientes son de tan alto poder adquisitivo como dicen, si esos 10.000 turistas británicos van a generar más de 9 millones de euros de ingresos en Almería (por favor, hagan la cuenta también en esto... 900 euros por turista cuando el gasto medio según las estadísticas ronda los 50 por persona y día con todo incluido -transporte, comida, hotel, ocio-) pues le bastaría con poner el precio de los billetes de avión un poquito más caros, que seguro que ellos pueden... Claro que para traer mochileros sí que necesitan subvenciones, pero igual no es ese el turismo que al Patronato de Almería le interesa potenciar.

[Aquí hay poco que contar. Echadas las cuentas, observamos que no salen, y es que cuando uno amenaza tiene que ser consciente de sus propias capacidades para ejecutarla.
La nota de prensa de la compañía y la respuesta de la Diputación fue publicada en todos los medios, pero a nadie se le ocurrió algo tan sencillo como echar cuentas y comparar con las estadísticas. Y lo que decían los irlandeses no se sostenía. Habría habido que hacerles llegar el mensaje.]

NO SALEN LAS CUENTAS

A mi no me salen las cuentas... qué quieren... soy de Letras... debe ser eso. Por más vueltas que le doy al Presupuesto de la Junta de Andalucía para 2010, a mi no me salen las cuentas.

En el PJA de 2009 había 33.764 millones de euros, y en los que se aprueben para el año próximo la cifra se reduce levemente, a los 33.73, pero aun así resulta que todos gastarán más de lo que gastaban antes.

Leamos titulares de notas de prensa del Gobierno andaluz publicados el jueves 5 de noviembre:

La Consejería de la Presidencia destina 107,3 millones a cooperación internacional, única partida que aumenta su cuantía (05/11/2009)

El esfuerzo inversor en Educación permitirá incorporar 2.000 nuevos profesores a las aulas, el doble que en 2009 (05/11/2009)

El Gobierno andaluz multiplica por cuatro su inversión en políticas de Justicia desde que asumió sus competencias en 1997 (05/11/2009)

Innovación destinará el próximo año más de 860 millones a medidas de fomento y apoyo empresarial (05/11/2009)

Soler anuncia un incremento de un 10% de las partidas para investigación científica e innovación en 2010, que ascienden a 313 millones de euros (05/11/2009)

La Junta aumenta en un 13% la inversión en políticas activas de empleo que alcanzan los 1.260 millones (05/11/2009)

Eso son titulares de un solo día, todos invertirán más, gastarán más... pero el presupuesto es menor... ¿cómo se hace eso?

Veamos otros detalles interesantes extraídos de otra nota de prensa del Gobierno andaluz que explica algunas cosas:

Por su parte, los fondos europeos supondrán 2.722,8 millones de euros (-1,1% respecto a 2009). (...) Finalmente, los recursos procedentes del Fondo de Compensación Interterritorial alcanzarán los 436,9 millones de euros (-8,6%), mientras que las transferencias finalistas y otros ingresos aumentarán un 12,9% hasta sumar los 5.268,6 millones de euros, debido principalmente a la aplicación de la Ley de Dependencia. (...) Al igual que en el ejercicio anterior, el presupuesto para 2010 conllevará un significativo aumento de los ingresos procedentes de operaciones financieras, que alcanzarán la cifra de 5.470 millones de euros (un 78,8% más que en 2009). De ellos, 4.035 millones se destinarán a financiar el déficit en que incurrirá el presupuesto. Esta cantidad supone un incremento del 149,7% respecto al ejercicio anterior y equivale al límite máximo autorizado por el Gobierno de la Nación conforme a la Ley de Estabilidad Presupuestaria.

No hace falta saber de economía para entender que el Estado nos ata las manos a los andaluces, ya que vendrá más dinero con carácter finalista, es decir, a cosas concretas sobre las que el Gobierno andaluz y el Parlamento no podrán tomar decisiones (en realidad es para la Ley de Dependecia, y si no llega a ser por ella... ni ahí subirían los ingresos procedentes del Estado). Pero es que además -y eso sí que es importante- resulta que de la "solidaridad española" (Fondos de Compensación) nos vendrá menos dinero, y que para cubrir los gastos se recurre a endeudarse hasta el límite legal.

Luego, claro, están las interpretaciones "provincializadas". Por ejemplo, cuando la consejera de Agricultura, Clara Aguilera, explica sus números afirma que son la repera ya que el 75% está provincializado... pero no dice cuanto va a cada provincia.

Luego llega el turno de contar el presupuesto en cada provincia, y entonces hay que ser ingenioso. Vamos a mirar algún caso, como el del consejero de Innovación, Martín Soler, que como almeriense es el encargado de contarlos en Almería, obviando sistemáticamente que si en 2009 alcanzaron los 469,2, en 2010 serán de 432,8, pero acudiendo al artificio se concluyen las siguientes cuestiones:

El consejero de Innovación, Ciencia y Empresa, Martín Soler, ha presentado las cuentas autonómicas, que suponen un 8,6% de la inversión provincializada, por encima de su peso poblacional que es de un 8,2%. (...) La inversión por habitante es de 634,4 euros, superior a la media andaluza en un 4,8%. Desde el ejercicio 2004, este montante ha crecido en Almería un 90,2%, lo que supone un incremento medio anual de un 15%.

¡Sorprendente! Llegará menos dinero a Almería... pero parece más!!!!!

[Los datos mencionados corresponden a 2009, pero en definitiva se trata en este caso de otro ejemplo de pura -y burda- manipulación del lenguaje y de los datos por parte de los políticos.

Sólo unos años después descubriríamos gracias al insigne consejero "almeriense" Manolo Recio, eso de "presupuestos de geometría variable", todo un hallazgo impropio de alguien como él, acostumbrado a expresarse con un máximo de 140 caracteres que es lo que permite Twitter.

Esos "presupuestos de geometría variable" finalmente fueron desechados tras las elecciones autonómicas, porque tal como decía toda la oposición -PP e IU- eran irreales.

De los referidos en este artículo apuntemos el dato de que en la legislatura 2007-2012 dejaron de invertirse en Almería 1.311 millones de euros que habían sido prometidos y consignados. Y es que la geometría variable presupuestaria no conoce límites.]

REVELADOR SILENCIO SOBRE LA EXTREME SAILING SERIES

Ando buscando los datos y no los encuentro, pero la culpa reconozco que es sólo mía. No pude acudir a la rueda de prensa del consejero de Turismo y Deporte, Luciano Alonso, sobre la Exteme Sailing 40 Series, y no pude preguntar, así que ahora no caben quejas sobre sus silencios.

Lo primero que desconocemos es el dato fundamental de cuanto le ha costado a la Junta de Andalucía este evento deportivo. Si hacemos un repaso a cifras oficiales publicadas por Noticias de Almería, vemos que en 2008, la administración autonómica gastó en actividades de este tipo en nuestra provincia 245.000 euros y fueron un total de 27, y por cierto que fue la que menos recibió de Andalucía.

Al año siguiente, 2009, la Ishare Cup (así se llamó la Extreme el primer año) se llevó 168.446 euros públicos, y en 2010, sorprendentemente los eventos deportivos de alto nivel sólo reciben 66.700 euros según un informe de la Consejería de Alonso. Lo cierto es que el consejero habló en ese momento de una aportación de 600.000 euros, que no aparecen por ningún sitio, pero que seguro que se gastaron.

El caso es que cuando habló de esa subvención, aseguró que se trataba de un tercio más que el año anterior, y es que supuestamente habían sido 400.000 euros, por lo que si aumentó en esa proporción no pudieron ser esos 600.000 de los que hablaba... y mucho menos cuando ninguna de esas cantidades tiene nada que ver con los datos oficiales de esa misma Consejería sobre lo destinado a grandes eventos deportivos.

Así no es de extrañar que en esta ocasión no haya dicho nada de cuanto nos cuesta este caprichito en plena crisis, cuanto le pagamos a unos señores para que se lo pasen bien navegando. Eso sí, todo tiene una justificación, la de animar la economía local con el turismo.

Pero mucho nos tememos que la cosa no es así. Basta revisar nuevamente otras informaciones publicadas en su momento, en la que comparábamos las pernoctaciones confirmadas por Alonso gracias a la Extremen Sailing con los datos del INE, y resulta que no sólo no coincidían, es que además en 2010 y en 2011 bajó la ocupación hotelera respecto a años anteriores en las fechas de la competición, y se mantuvo similar a la del resto de Andalucía.

En 2011 nos anunciaron desde la Consejería que habría 1.500 pernoctaciones gracias a este evento, pero resulta que son sólo 200 más de las pernoctaciones derivadas de la propia organización, lo que comparativamente es cuando menos sorprendente.

En 2009 dijo Alonso que la Extreme había atraído a 15.059 turistas (más exacto imposible) y en 2011 se queda con 1.500 pernoctaciones... la cosa desde luego pinta mal. Pero vayamos al dinero. Vamos a ver qué reporta a Almería todo esto. Y es que en 2.009 la

Consejería hablaba de 2.700.000 euros de ingresos en Andalucía, y en 2011 de 3 millones de euros en Almería, es decir 300.000 euros más a pesar de la crisis y de que hemos pasado de 15.059 turistas a 1.500 pernoctaciones.

Una de las claves de todo este lío es cómo se hacen las cuentas. Dice la Consejería -o sea, el consejero- que las 1.300 pernoctaciones de los equipos dejarán casi 200.000 euros, con un gasto de unos 150 euros diarios, y es cierto que si multiplicas lo uno por lo otro sale esa cantidad. Ahora bien, las 1.500 pernoctaciones de los turistas, deben suponer algo similar, pero seamos generosos y pongamos 200 euros, lo que nos da la suma de 300.000 euros, que unido a lo anterior suma medio millón de euros... hasta los tres millones nos faltan dos millones y medio.

Pongamos que eso es el gasto de calle (restaurantes, transporte, recuerdos, y poco más) y añadamos el coste del alojamiento a lo anterior. ¿Pero por cuanto sale alojarse en Almería? Otro cálculo con cifras oficiales: la Junta de Andalucía ha pagado 35.000 euros por 820 pernoctaciones en esos días, por lo que suponemos que no estará fuera de lugar establecer que las 1.300 de los equipos y las 1.500 de los turistas pueden suponer 150.000 como mucho.

Por ahora llevamos unos ingresos de 650.000 euros para Almería... ah, no, hay que sumarle los 35.000 euros de los 500 afortunados a quienes la Junta de Andalucía les ha pagado la estancia y llegamos a los 675.000 euros... y sinceramente, estamos convencidos de que ni los equipos ni los turistas se dejarán 200 euros diarios por persona (eso también lo publicamos en su momento, y el gasto medio por pernoctación en Almería en 2009 fue de 57 euros incluido alojamiento y transporte, así que ni por asomo lo dicho), tampoco está claro que sean 1.300 las pernoctaciones de los equipos, y no sabemos si de las 820 que paga la Junta (y que hemos añadido como diferenciadas) muchas son parte de las de la organización y por tanto las contamos doble... Es como cuando decían "60.000 espectadores" que luego resultó que se referían a 20.000 diarios (muchos de ellos traídos en autobuses por la propia Junta o los Ayuntamientos o la Diputación de entonces) que si hacemos un cálculo de medio metro cuadrado por persona tenemos 10.000 metros cuadrados en el puerto solo para los observadores... diez milómetros cuadrados en el puerto de Almería... para pensar también.

Me decía hace un año un responsable de una institución que apoya denodadamente este evento, el porqué de mi interés en atacarlo. No sé si con éxito o sin él, le expliqué que no se trataba de eso, que a mi me parece bien todo lo que signifique darle protagonismo a Almería, pero que después de hacer números me daba la impresión de que esto no era más que tirar billetes al mar, que la Junta de Andalucía perdía dinero porque no era una inversión, en el mejor de los casos era solo un espejismo.

¿Alguien más ha hecho los deberes?

[Llamó la atención de más de un lector de prensa digital el hecho de que el primer año que se celebró este evento, un determinado medio lo cubriera de elogios en nivel similar al volumen publicitario contratado por el mismo. Al año siguiente no hubo publicidad, y la valoración del evento fue lamentable, un acontecimiento caro, inútil e ineficaz, puro derroche sin retorno.

Ahí está la clave, en el retorno. Y es que las noticias en las que hemos ido desmontando los datos del la Junta de Andalucía sobre este acontecimiento deportivo no sirvieron para que fueran recogidas por otros medios, pero sí que logramos que la Diputación y el Ayuntamiento de Almería decidieran no quedarse en las cifras presentadas por la Junta de Andalucía cuando ésta les pidió su colaboración económica.

Ayuntamiento y Diputación, con las cifras contrastadas por Noticias de Almería exigieron saber más, tener más números, y esos números no llegaron nunca, o al menos no llegaron todos los que tenían que llegar.

El hecho es que este gran evento que dejaba millones de euros en Almería, no se ha vuelto a celebrar, y nadie lo ha echado de menos. A los comerciantes no se les ha oído, y a los hosteleros tampoco.]

LA PUBLICIDAD Y LAS ELECCIONES

Cuando sólo habían pasado tres meses del inicio de 2011, el equipo de Gobierno de la Diputación que preside Juan Carlos Usero, ha aumentado considerablemente el dinero destinado a publicidad institucional. Y lo ha aprobado cuando sólo quedan dos meses para las elecciones a las que concurre como candidato del PSOE a la Alcaldía de Almería.

Tal como informaba Noticias de Almería en diciembre de 2010, la Diputación de Almería preparaba unos presupuestos para 2011 en los que destinaría a publicidad institucional 300.000 euros, si bien ya tenía en ese momento obligaciones reconocidas por este concepto que se acercan a esa cifra, en concreto 240.000 euros.

Una vez aprobados los presupuestos con el apoyo del Partido de Almería, la Diputación ha tenido que aprobar una modificación de crédito por 218.000 euros que supone que los 300.000 euros previstos se conviertan ya en más de medio millón.

En realidad, ese dinero viene a financiar lo que queda del millón de euros que se gastó la institución provincial que preside Usero en 2010. Y es que comenzó el año con unos créditos iniciales de 300.000 euros; hicieron modificaciones de crédito, más incorporaciones de remanentes, por un total de 745.500 euros y, después, hubo un reconocimiento extrajudicial hace aproximadamente un mes de 250.000 euros.

Un dato comparativo es que mientras para publicidad la Diputación gastó más de un millón de euros en 2010, ese mismo año dedicó 800.000 euros al Plan de Fomento del Empleo Agrario.

[Uno de los objetivos logrados por la clase política es el desprestigio de los periodistas. La manera más fácil de hacerlo es etiquetarnos, tal como ellos se etiquetan a sí mismos. Pero con ser eso malo, lo peor es que han alentado a que se asocie la etiqueta con la publicidad que da sustento a los medios. Cualquiera puede tener una empresa y trabajar para una administración, pero si esa empresa es un medio en el que se inserta publicidad, eso ya es malo.

Esto resulta extremadamente perverso. Una de esas maldades es considerar que mientras cualquier ciudadano piensa libremente, tiene su opinión, se afilia a un partido o no, y puede por sus cualidades lograr un empleo, en el caso de un periodista es justo lo contrario. Es decir, no es que un medio tenga una línea editorial y en base a esa línea resulte que un partido le pueda tener más "cariño" que otro, no, es que le medio pone su línea editorial en favor de quien pague... sin percatarse de que un medio -cualquier medio- lo que quiere es publicidad de todos, y que lo normal no es que te "premien" si no que te "castiguen", porque lo que buscan los políticos son medios planos y nada críticos. Prefieren medios que no critiquen a la oposición con tal de que a ellos tampoco les critiquen, y sólo los que están en esa neutralidad perversa tienen palmaditas en la espalda.

Después de todo ese gasto en publicidad, los socialistas lograron en la capital uno de los peores resultados de su historia, y eso que el presidente de la Diputación era el candidato a la Alcaldía. De nada sirvió ese derroche publicitario para cambiar la tendencia electoral. Eso es lo más importante.

Pero les aporto un dato más que revela cómo se gastó ese dinero. A pesar de todas esas ampliaciones de presupuesto, poco o nada se pagaba, ya que tuvo que ser con la llegada del PP al gobierno de la Diputación cuando se decidiera poner un poco de orden en ese desbarajuste, para ello lo primero era pagar. Pues Novotecnica cobró alrededor de un millón de euros... eso era "sólo" de lo que estaba pendiente.]

HACIENDO LIMPIEZA

La Diputación de Almería ha resuelto de mutuo acuerdo el contrato que tenía con un empresa para la limpieza del servicio del edificio situado en c/Rambla Alfareros, número 30, y aunque oficialmente el motivo es adjudicar el servicio a un precio menor, lo cierto es que la mercantil no se ajustaba a lo establecido en el pliego por el que licitó, según ha conocido Noticias de Almería.

Fue el día 6 de abril de 2010, bajo presidencia del PSOE, cuando mediante acuerdo adoptado por la Junta de Gobierno de la Diputación Provincial, se puso en marcha el procedimiento de adjudicación. Tras seguir el trámite legalmente establecido, por el citado órgano de contratación, en sesión ordinaria celebrada el día 20 de julio de 2010, previa constitución de la garantía definitiva exigida, se acordó la adjudicación definitiva del contrato, a la empresa que lo ha estado realizando hasta ahora.

De conformidad con lo establecido en el pliego de cláusulas administrativas particulares, el servicio debe ser prestado mediante cuatro limpiadoras, en jornada semanal de treinta y nueve horas, de lunes a viernes, en turno de tarde, a partir de las 15,30 horas, estableciéndose en la cláusula cuarta del contrato suscrito el día 5 de agosto de 2010, que el plazo de duración será de dos años a contar desde la formalización, si bien podrá prorrogarse de forma expresa, por mutuo acuerdo de las partes, antes de su finalización, por un período máximo de dos años.

No obstante lo anterior, durante el periodo de vigencia del contrato, "han acaecido circunstancias de muy diversa índole que han incidido sobre su ejecución, entre las que se incluye la actual situación económica que han motivado que, por esta Corporación, se hayan adoptado diferentes medidas encaminadas a la contención del gasto público y mayor austeridad en la gestión, medidas que, en materia de contratación, han implicado revisar las condiciones no esenciales de prestación de determinados servicios, con el objetivo de reducir el precio y el consiguiente ahorro económico" según los informes del Interventor Provincial y del Secretario General, de fechas, respectivamente, 22 y 19 de marzo de 2012, solicitados en virtud de lo dispuesto en el artículo 114.3 del Real Decreto Legislativo 781/1986, de 18 de abril, por el que se aprueba el Texto Refundido de las Disposiciones Legales vigentes en materia de Régimen Local.

Según el análisis previo llevado a cabo "se ha constatado la posibilidad de prestar el servicio mediante dos limpiadoras, de conformidad con el informe emitido en tal sentido por la Gobernanta, con el gran ahorro económico que dicha medida supondría, así como la necesidad de regularizar ciertos desajustes observados en su prestación, todo ello en aras del interés público que debe presidir la actuación de la Administración Pública".

Precisamente el dato de que el contrato venía siendo incumplido sistemáticamente fue conocido por la Junta de Gobierno de la Diputación a raíz de estos informes que en principio iban destinado a conocer cómo optimizar el servicio recibido para hacer un nuevo pliego de adjudicación. La empresa no estaba prestando el servicio en las condiciones pactadas en el contrato, "circunstancia que ocurre desde principios del año 2011", es decir más de un año.

La mercantil venía prestando su servicio desde que fue contratada bajo presidencia de Juan Carlos Usero, y no ha sido hasta ahora cuando se ha revisado el cumplimiento del mismo y se ha descubierto que no se adecuaba a lo estipulado ya que al parecer, hasta el momento no se había verificado si estaba cumpliendo o no con el contrato.

Aunque en un primer momento se inició un procedimiento para la modificación del contrato suscrito, ponderando tanto la conveniencia de que el contrato no se continuará prestando en las condiciones actuales como llegar a una solución pactada de los desajustes observados, al final, se ha optado por iniciar un procedimiento para la resolución del contrato, motivado por razones de interés público, todo ello de conformidad con lo dispuesto en la Ley 30/2007, de 30 de octubre, de Contratos del Sector Público, normativa aplicable en virtud de lo establecido en la disposición transitoria primera del Real Decreto Legislativo 3/2011, de 14 de noviembre, por el que se aprueba el texto refundido de la Ley de Contratos del Sector Público; atendiendo en especial, a lo dispuesto en el artículo 206.3, dónde se incluye dentro de las causas de resolución de los contratos, el mutuo acuerdo entre la Administración y el contratista, y en el artículo 208 dónde, tras establecer que cuando la resolución se produzca por mutuo acuerdo los derechos de las partes se acomodarán válidamente estipulado por ellas, se determina que el acuerdo de resolución contendrá pronunciamiento expreso acerca de la procedencia o no de la pérdida, devolución o cancelación de la garantía que, en su caso, hubiese sido constituida.

Mientras se resuelve la situación, siendo necesario que en la citada dependencia se realice el servicio de limpieza mientras se adjudica el nuevo procedimiento de licitación convocado al efecto, la empresa ha mostrado su compromiso de prestar el mismo hasta tanto se adjudica el citado contrato, mediante dos trabajadoras.

[Traemos esta información como mero ejemplo del descontrol que es posible permitir en una administración, donde se detectan irregularidades en la ejecución de un contrato, se mira para otro lado y nada, a seguir con la tarea.

Decimos ejemplo porque también contamos hechos tan peregrinos como que los presupuestos de la Diputación de Almería contemplaban la instalación de paneles de energía termosolar en la residencia asistida con el fin de ahorrar en consumo eléctrico, pero a la vez aumentaban la previsión de gasto en luz ese año.

Pero más grave es que se adjudique una obra a una empresa y ésta comience a ejecutarla sin licencia hasta que los técnicos municipales se dan cuenta. Claro, luego no debe sorprender cuando la mercantil en cuestión se declara en concurso de acreedores, deja la obra paralizada un año, y hasta pide cobrar en una cuenta distinta de la marcada por el juzgado.

Ahora el futuro de esa residencia para grandes dependientes está en el aire por culpa de la situación económica, y sería muy distinto si se hubiera acabado en tiempo y forma.]

PARA SALIR VOLANDO

La empresa Field Aeronáutica España SL a la que el alcalde de Albox, el socialista José García, quiere allanar el camino para que instale en el municipio una planta de producción de componentes, sólo dispone de 3.100 euros para ello, según ha conocido Noticias de Almería por medio del Registro Mercantil en que está inscrita, y eso a pesar de que el proyecto fue presentado por el primer edil diciendo que "tenemos que estar satisfechos por el interés mostrado por una empresa de esta envergadura".

Lo cierto es que aunque las fuentes municipales hablaban de que "Field Aeronáutica España es una compañía que destaca por su reconocimiento dentro del sector aeronáutico por ofrecer servicios en materias como aseguramiento de calidad, mantenimiento y revisiones periódicas de utillaje, calibraciones y control de calidad", la fecha de constitución de la mercantil es el dos de septiembre de 2011, es decir hace seis meses, tal vez poco tiempo para labrarse esa reputación con tan exiguo capital social y sin instalaciones.

El alcalde ha sostenido públicamente que llevan dos años y medio de conversaciones y negociaciones, lo que haría pensar que la empresa se ha creado ex profeso ya que no fue registrada hasta el 23 de enero de 2012, hace dos meses.

Por otro lado, hay que destacar que Field

Aeronáutica España no tiene ninguna instalación en todo el continente europeo, y por supuesto tampoco la tiene en todo el territorio español. La empresa que se según el alcalde ha venido a reunirse con él, tiene su domicilio social precisamente en Albox, y quien es presentado por el alcalde como "ejecutivo de ventas", Alfonso Águila González, es un constructor local que ha podido edificar la vivienda que ocupa el que aparece como presidente de la mercantil, David Booker, momento en que ambos se conocieron.

En la actualidad, Águila y Booker son administradores mancomunados de Field Aeronáutica España y la casa del segundo es la sede social.

[Quizá porque entre mis familiares ha habido albañiles y contratistas, nunca se me ocurrió pensar que serlo fuera estar "en la mierda" pero quien sí lo entiende así es Alfonso Águila González, quien tras publicar esta información me llamó indignadísimo. Me dijo que si es que no tenía derecho a salir "de la mierda" cambiando de oficio, y que si esta información la leían en Inglaterra se hundiría el proyecto. Sin duda unas declaraciones harto sorprendentes, tanto lo primero como lo segundo, porque si su socio es el principal responsable de la matriz, se le supone conocedor de la realidad de esta "empresa familiar", tal como él mismo la definió en esa llamada.
Otro detalle de esa conversación en la que me pidió rectificar al tiempo que me reconocía la veracidad de lo

publicado, es que sólo encontró un dato en el que habíamos mentido. "¿Cómo es que ponen que no tienen instalaciones en Europa? ¿es que Inglaterra no es Europa?". Le respondí "ponemos continente europeo, y ciertamente Inglaterra y el Reino Unido son parte de la Unión Europea, pero no son continente europeo".

Con demasiada frecuencia los políticos tienen a vendernos realidades inexistentes, que no quiere decir que algún día no puedan ser realidad, si no que en ese momento en que las presentan como realidad, no lo son; por eso es conveniente que hagamos una pequeña investigación, contrastemos fechas, números, nombres, y a ver qué pasa. Ciertamente existe un impulso muy fuerte a la industria aeronáutica en Andalucía, pero no hay que olvidar que por su propia naturaleza se desarrolla en un cluster, y en este caso Albox queda lejísimos, por mucho que acudan con un stand a Aerópolis acompañados del alcalde.

Por cierto, que nadie contó que mientras el gobierno andaluz inauguraba esa feria aeronáutica, una de las empresas de este sector participadas por la Junta de Andalucía -por medio de IDEA- se declaraba en concurso de acreedores a pesar de tener importantes contratos firmados, entre otros para el Airbus.

Pues mientras el Ayuntamiento albojense ponía sus miras en este proyecto, desvelábamos en otra noticia la realidad su parque de bomberos, que de los tres camiones que en su día le aportó la Junta de Andalucía ya sólo les queda uno, que ese uno tiene más de 23 años, que no pasa de los 40 Km/h, tiene dificultades para pasar la ITV, y la mitad de sus equipamientos están obsoletos o directamente no funcionan. El alcalde respondió en algunos medios a esta información - recuerdo el caso de Onda Cero entre otros- reconociéndolo pero sin querer echar leña al fuego.

Seguimos esperando que el proyecto tome aire, comiencen a construirse los hangares, haya visitas de consejeros a las instalaciones, se contrate personal, el alcalde se haga fotos... y también a que le lleguen las subvenciones, para así dar por creado un nuevo cluster aeroindustrial en Albox.]

LA TARJETA ROJA

El alcalde de Albox, el socialista José García Navarro, viene gastando una media de mil euros al mes con cargo a la **tarjeta** de crédito del Ayuntamiento, según los extractos a los que tuvo acceso Noticias de Almería.

Así, en el año 2009 la cantidad cargada a esta **tarjeta** de crédito es de 12.073,81 euros, en 2010 subió hasta los 12.178,45 euros, y hasta septiembre de 2011 fue de 9.466,65 euros, lo que en todos los casos ofrece una media superior a los mil euros mensuales.

La **tarjeta** del primer edil albojense llegó a superar los 1.850 euros en el mes de julio de 2011, una cantidad que no pudo superar el gasto de enero de 2009, cuando el Ayuntamiento pagó 2.122,54 euros a cargo de las misma.

Por el contrario, fue agosto de 2009 cuando menos uso hizo de este medio de pago, ya que fueron 397,46.

Las cifras no deben sorprender, ya que al parecer la **tarjeta** del Ayuntamiento servía para pagarlo todo, por barato y pequeño fuera. Así, es posible encontrar facturaciones de 0,70 euros o de 1,85 euros o 1,95 euros por poner algunos ejemplos.

El alcalde de Albox, el socialista José García, llegó a pagar unos 1.500 euros en un sólo mes en comidas cargadas al Ayuntamiento mediante la **tarjeta** de crédito que tiene a su disposición.

En el mes de mayo de 2011, el de las elecciones municipales, García gastó con cargo al erario municipal y mediante **tarjeta** de crédito, 1.565,03 euros, de los sólo 72 fueron en combustible y el resto corresponde a cuatro comidas, los días 5, 16, 27 y 31, en un restaurante de Albox, otro de Huércal de Almería y dos de la capital.

Pero esa no es la excepción, ya que para muestra, en el mes de julio de 2011 cuando García pasó hasta 16 veces cargos a su Ayuntamiento hasta alcanzar los 1.853,46 euros. Una comida en el restaurante Valentín de Almería capital le costó 215,75 euros el día 7, y el día 9 tuvo otra en el Sotavento del Alquián por importe de 261,48 euros, el día 14 una más en el Salmantice de la capital por 214 euros, el día 21 comió en un Foster Hollywood de Madrid y pagó 52,20 euros, el día 23 comió en el Aben Humeya de Huércal de Almeria por 212,90 euros, el 28 en la Zaranda de Albox por el módico precio de 82,50 euros, al día siguiente en La Nueva Estancia capitalino pagó 261,20 euros, y un día después en Sevilla se gastó 129,18 euros en Casa Robles.

La comida más cara de las cargadas al Ayuntamiento mediante la **tarjeta** de crédito fue en marzo de 2011, el día 24 en la Zara de Albox, por 408 euros, donde también estuvo el día 16 y pagó 290 euros, y también el día 15, gastando 128 euros. Ese mismo mes, el día 10 tuvo otra comida La Cala de la capital por 198,80 euros, otra en Córdoba que le costó al

Ayuntamiento 122,35 euros el día dos y el uno en la capital 79,80 euros una más en La Nueva Estancia.

Desde 2009 al menos, no hay mes en el que el alcalde de Albox no deje un rastro mensual por los mejores restaurantes de esta y otras provincias, y por poner sólo algunos ejemplos, en enero de ese año se dejó alrededor de 700 euros en cuatro comidas, en febrero otras cuatro comidas superaron los 500 euros, en marzo casi 2.000 euros, en abril casi 800 euros en otras cuatro de las que una, en La Zarada costó 353,70, y así sucesivamente.

García llega a comer dos y tres días seguidos en restaurante a esos precios, como en marzo de 2011, que come los días 15 y 16 en un restaurante de su pueblo, pagando en una ocasión 290 euros y a la siguiente 408 euros; o en diciembre de 2010, que come en el mismo sitio por 156,30 euros el día 16 y luego el Mesón Los Mariscos de Aguadulce por 129,30 euros; o en septiembre de ese mismo año, que el día 9 gasta 315 euros en el Restaurante La Yesca de Almería y el 10 paga 113,60 euros en el Molino de Vélez Blanco.

El alcalde de Albox, el socialista José García, respondía a las informaciones publicadas por Noticias de Almería sobre el uso de la **tarjeta** de crédito que maneja a costa del erario municipal, que "Los gastos de viajes han sido para resolver el problema de las 3000 casas ilegales que nos dejo el PP", aunque lo cierto es que con la visa podría haberse llegado a pagar un viaje a Dublín según la documentación en manos de este medio y que recogen un pago vinculado a la ciudad irlandesa.

Aunque ha sido a lo largo de 2011 cuando la Junta de Andalucía ha trabajado en el proceso de legalización de las viviendas ilegales, los extractos bancarios demuestran que ya en 2009 se gastó 12.073,81 euros y en 2010 un total de 12.178,45 euros, y hasta septiembre de 2011 han sido 9.466,65 euros.

García, que en ningún momento desmiente en su nota de prensa la veracidad de lo publicado, no recoge que este asunto urbanístico es competencia de la Junta de Andalucía, y que difícilmente justificaría su viaje a Jaén el 12 de enero de 2011, en el que pasó entre otros gastos una comida de 187,36 euros, o el viaje a Córdoba en marzo de ese año que entre unas cosas y otras salió por casi 300 euros, o que hizo a Madrid en julio alojándose en el Meliá Castilla y que costó una cantidad similar a la anterior, o el billete que compró en Atrápalo.com por 249 euros en septiembre y que figura vinculado a Barcelona, aunque podría darle sentido a su viaje a Sevilla ese mismo mes y del constan una comida en Casa Manolo León por 124 euros y el alojamiento en el hotel Abba Triana.

En enero de 2010 también estuvo en Sevilla, donde comió por 205 euros en Manolo León y durmió en el NH Central, si bien ese mismo mes pasó el fin de semana alojado en el hotel Elba de la capital almeriense donde comió por 102 euros en el restaurante Valentín. En febrero estuvo en Madrid el día 11 y en Sevilla el 14, pagando en el primer caso 345,13 euros y en el segundo 160,50; en marzo pasó por Granada y Sevilla, y sólo en el alojamiento en la capital hispalense pagó casi 300 euros, en mayo volvió al mismo hotel sevillano y fueron 346,68 euros por una noche, y al día siguiente pagó en el Hotel Overa; en julio estuvo en Granada y en Sevilla con alojamiento y comidas, en septiembre estuvo en Córdoba y Granada con alojamiento y comidas, pero es que la noche del 24 la pasó en un hotel de Almería, comiendo o cenando también en restaurante local. En noviembre de 2011 pasó factura de un hotel de la capital, y además estuvo en Córdoba, y cargó factura de un vuelo en Ryanair vinculado a Dublín y compró un billete también mediante la web Atrápalo.com por más de 400 euros, ambas cosas pagadas el mismo día. El año 2011 acabó con otro viaje Madrid en el que entre comida y alojamiento se fueron 600 euros.

El año 2009 lo comenzó con una comida y una noche de hotel en la capital, por más de 300 euros, y un viaje a Madrid por el que pasó hasta seis veces la **tarjeta**, dos de ellas en el hotel Puerta América, siendo el montante total de la ruta unos 1.400 euros aproximadamente. En febrero estuvo en la provincia de Granada y en el hotel Barceló de Sevilla, siempre con alojamientos y comidas. En marzo le constan dos pagos de más de cien euros en el Complejo Rural de Arboleas, y en abril comía en Osuna que está en Sevilla, y en mayo volvía a Sevilla, como también en junio, y en septiembre paga una comida en Punta Umbría (Huelva) y una noche de hotel en Almería. A todo esto hay que añadir que hay comidas o repostaje en 2011 hasta en Baza (Granada), Cantoria, Loja (Granada), Viator, Níjar, Albolote (Granada), Arboleas, Loja (Granada), Huércal de Almería, Guadix (Granada), Pinto (Madrid) Las Rozas (Madrid) o Aguadulce.

En 2010, además de los viajes reseñados y de los

municipios por los que también pasaría en 2011, añadió Gor (Granada), Librilla (Murcia), Espinardo (Madrid), Huércal Overa, Vera, Vélez Blanco, Olula del Río, Alfacar (Granada), Retamar. El Alquián, Casas Nuevas, Punta Umbría (Cádiz), Purchena, Marchena (Sevilla), Osuna (Sevilla), Puerto Lumbreras, Campo Hermoso, Macael y alguno más, algunos de los cuales también fueron recorridos en 2009.

[Además de estos dos historias sobre el alcalde de Albox, José García, contamos otra que al igual que en el caso de Field Aeronáutica España -aunque de menor interés- demuestra la facilidad con la que los políticos se olvidan de lo que dicen y esperan que los demás también lo olvidemos.

Se trataba del CADE, el centro de empresas, que acabó costando un 30% de lo presupuestado 21 meses antes. Un sms anónimo en el móvil me indicaba que no era cierto, que había costado lo previsto, pero lo cierto es que la obra se adjudicó en menos de 600.000 euros, al poco el consejero de Empleo Manuel Recio ya hablaba en una visita a las obras de más de 750.000 euros, y una vez terminado el alcalde decía en una nota de prensa que había salido por 900.000 euros. En fin, la única cifra demostrable es la de adjudicación, las otras son declaraciones de los políticos, y como sugería el desmentidor enmascarado, puede que fueran mentira, pero eso sólo serviría para demostrar que clase de gestores tenemos, dispuestos a inflar o desinflar los números según convenga en cada momento... que interesa decir que algo ha sido muy costoso... pues se añaden unos miles de euros al hablar, y si interesa lo contrario, se redondea por abajo.]

MULTA QUE ALGO QUEDA

Los hechos que ha conocido Noticias de Almería, se remontan a octubre de 2009 cuando la propietaria de un vehículo recibió la notificación de una sanción de tráfico por parte del Ayuntamiento de Almería en la que se afirmaba que su vehículo se había saltado un semáforo en dicha ciudad el 3 de septiembre de 2009.

El problema, que llegó a ser denunciado ante el Defensor del Pueblo Andaluz, radicaba en que él nunca había estado en Almería, ni su vehículo pues, además, en esas fechas se encontraba en el taller oficial de la marca, en su localidad, para una revisión.

Tras presentar alegaciones indicando esta circunstancia –y probando que su vehículo estaba en esa fecha en el taller–, interesó que se realizaran diversas pruebas en el expediente.

Sin embargo, en enero de 2010 recibió el Decreto sancionador dictado en el expediente donde, omitiendo sus alegaciones y su petición de pruebas, se le imponía una sanción de 150 euros y la retirada de 4 puntos del carné de conducir. Aunque había presentado recurso de reposición suponía que también iba a ser desestimado y se veía abocada a abonar una multa por una sanción que –siempre según ella– no había cometido.

Según el Ayuntamiento, sobre la matrícula que figuraba en el boletín de denuncias no existía género de duda sobre la letra y los números y, por ello, era por lo que se había sancionado a la denunciada. Es más, desde esta institución se sostenía que el procedimiento sancionador incoado por este asunto se había tramitado y cumplimentado con todos los requisitos y trámites legales, así como con todas las garantías y derechos que corresponden a la interesada en cumplimiento de la legislación vigente.

Sin embargo, la interesada, que desde el primer momento afirmaba con total rotundidad que ni ella, ni su vehículo, se encontraban en Almería el día de los hechos, había propuesto reiteradamente la práctica de unas pruebas documentales y testificales que el Ayuntamiento había desestimado, basándose en la presunción de veracidad del agente denunciante, y por considerarlas improcedentes e innecesarias, ser totalmente irrelevantes para la concreción de la conducta denunciada y apreciar que no existen puntos de duda en el asunto.

El Defensor del Pueblo señala que pudo producirse un error en la toma del número de matrícula, sobre todo si se tiene en cuenta que el coche no fue detenido al saltarse el semáforo por las circunstancias del tráfico.

Frente a eso destaca que ni la interesada ni su vehículo estuvieron en Almería el día de los hechos, de que reside en otro municipio de otra Comunidad Autónoma, de que ha aportado prueba documental de que su vehículo se encontraba en un taller (si era fotocopia, se le podía haber interesado la aportación de original al ser la prueba una carga de la administración, habida cuenta de que el artículo

137.1 de la Ley 30/1992, de 26 de noviembre, de Régimen Jurídico de las Administraciones Públicas y del Procedimiento Administrativo Común establece que los procedimientos sancionadores respetarán la presunción de no existencia de responsabilidad administrativa mientras no se demuestre lo contrario) y de la propuesta de tres testigos de que todo ello es cierto, así como de la propuesta de toma de declaración al representante del Concesionario Oficial de ... en Cuenca, esta Institución considera que, en este caso, resultaba totalmente indicada la apertura del periodo de prueba solicitado y que el Ayuntamiento rechazó, a nuestro juicio, de forma injustificada.

Si a ello se añade que nunca se ha atendido la petición de la interesada de que se acreditara el color del vehículo que incurrió en la infracción, todavía resulta menos comprensible que se desestimara la apertura del mencionado periodo de prueba.

En tal sentido, debemos remitirnos a lo dispuesto en el artículo 137.4 de la Ley 30/1992, de 26 de noviembre, de Régimen Jurídico de las Administraciones Públicas y del Procedimiento Administrativo Común, que dispone que se practicarán de oficio o a propuesta del presunto responsable cuantas pruebas sean adecuadas para la determinación de hechos y posibles responsabilidades.

Y parece indudable que las pruebas propuestas eran totalmente indicadas para acreditar si la persona y el vehículo a los que se atribuye la infracción se encontraban en Almería el día en que se cometió la misma, según el Defensor, quien entiende que parece indudable que se trata de pruebas que, en su caso, habrían podido concluir con una resolución favorable a las pretensiones de la interesada.

"Es más, entendimos que no cabía ampararse, teniendo en cuenta que nos encontramos en esta materia de proposición y práctica de pruebas en un terreno de derechos fundamentales, en el principio de economía procesal y celeridad, para desestimar sistemáticamente y sin causa suficiente la práctica de pruebas, ya que el órgano instructor debe ser el primer interesado en contar con todos los datos necesarios para poder resolver la cuestión de fondo planteada con pleno conocimiento de causa" asegura.

Por otro lado, "la declaración de un agente de la autoridad en modo alguno constituye una prueba iuris et de iure, sino iuris tantum y por tanto se trata de una presunción perfectamente rebatible con la aportación de pruebas de contrario a aportar por los interesados".

Por último, el Defensor a una amplia doctrina jurisprudencial que, en aplicación de lo dispuesto en el artículo 24.2 de la Constitución Española, señala que la actividad sancionadora de la Administración ha de respetar el principio de presunción de inocencia, como un amplio derecho fundamental de la persona vinculante para todos los poderes públicos que determina la exclusión inversa de culpabilidad de cualquier persona, mientras no se demuestre en el expediente los hechos imputables a la misma como merecedores de sanción, cuya carga probatoria no incumbe al expedientado sino a la Administración que le acusa y sanciona.

Por ello, formularon al Alcalde-Presidente Recomendación con objeto de que, mediante los trámites legales que procedieran, se anulara la resolución dictada, retrotrayendo las actuaciones en el procedimiento sancionador, acordando la apertura del periodo de prueba solicitado por la reclamante y dictando, tras su práctica y el resto de las actuaciones necesarias, la resolución que fuera procedente. Entiende el Defensor que en caso contrario, no se estaría reconociendo el derecho a la presunción de inocencia de la interesada habida cuenta de que no se da opción alguna a la posibilidad de que se destruya la presunción de veracidad («iuris tantum», debemos subrayar) con que cuentan las denuncias de los Agentes de la Autoridad.

La respuesta remitida por el Ayuntamiento daba cuenta de las actuaciones que había realizado, en las que se incluía la desestimación del recurso de reposición interpuesto por la interesada. En cuanto a la cuestión de las pruebas propuestas nos indicaban que, en la resolución del recurso, se explicaban por qué no se admitieron éstas, pues consideraban que era una facultad del instructor del procedimiento su realización y que, además, su no realización no había situado a la denunciada en una situación de indefensión, pues todavía podía presentar el oportuno recurso contencioso-administrativo, algo que sin lugar a dudas le saldrá más caro que pagar los 150 euros de multa... aunque su vehículo jamás haya estado en Almería.

[Les puedo asegurar que esa historia es real, que no es una recreación de un relato de Kafka, y que es un ejemplo más de los laberínticos caminos de la burocracia.

Recuerdo en una ocasión, haciendo información de Tribunales para un diario hace ya quince años, calculamos en alrededor de un millón de pesetas -es la moneda que había, hoy seis mil euros- el coste que para la administración pública había tenido un juicio por alzamiento de bienes... valorados en siete mil pesetas -hoy unos cincuenta euros- ya que se trataba de la venta de un viejo coche por parte de un drogadicto que necesitaba una dosis y tal vez no se percató -o sí- de que el automóvil estaba embargado por una condena anterior. Como estaba en una prisión de otra provincia, hubo que trasladarlo desde aquella a la que celebraba la vista, más el papeleo, abogados, fiscal, abogado del Estado, tres magistrados...

Más próximo a la cara dura que a lo kafkiano, es otro caso desvelado por Noticias de Almería y que afectaba al vicerrector de la Universidad José Guerrero; historia que encontró amplio eco en algunos medios locales (de fuera bastantes, todos digitales) pero en otros no ¿por qué será?.

El Ayuntamiento de Almería ordenó el embargo de sus cuentas del vicerrector de la Universidad de Almería José Guerrero, al que consideraba "ilocalizable", por lo que recurrió a publicarlo en el Boletín Oficial de la Provincia (BOP).

Pero esta situación no es nueva para el número dos de la UAL, ya que arrastra un largo rosario de notificaciones vía BOP porque a pesar de cobrar de una administración pública, no es posible localizarle para que pague sus numerosas **multas***.*

Así, la lista comienza 1999, en el que no hay forma de localizarle para el pago de una multa de 45.000 pesetas por una infracción cometida el 21 de octubre, y sale en el BOP el 5 de abril de 2000.

El 5 de marzo de 2007 tiene en un mismo número del BOP, dos notificaciones de apremio en la que le advierten que si no paga será inmediatamente embargado, recordando que usan esa vía de comunicación al no poder ser localizado por la administración correspondiente, en este caso el Ayuntamiento de Almería.

En el BOP del 23 de diciembre aparece el expediente 52759/2008 multándole a las 16:31 horas del 29 de octubre de ese año por aparcar en la explanada del Club de Mar, y el 30 de diciembre vuelve a aparecer con el expediente 39622/2008 por aparcar en el Paseo de Almería a las doce del mediodía el día 4 de julio de 2008.

En ambos casos, se vuelve a incidir que el vicerrector es "ilocalizable" como también lo señala un edicto de la alcaldía de Almería en el que con el expediente 54744/2009, se le notifica otra multa más correspondiente al 6 de agosto de 2009 a las 10:11 horas en el Paseo de Almería. Las tres **multas** *mencionadas son de 150 euros cada una.*

El 5 de enero de 2009, el BOP recoge dos nuevos avisos a Guerrero de que tiene **multas** *impagadas, pero que no es posible dar con su paradero. Se trata del expediente 44082/2008 por una infracción del 5 de* *agosto de 2008 a las 10:05 horas en la Carretera de Ronda sancionada con 90 euros, y otra multa más del 12 de noviembre de ese año a las 08:52 horas en la calle Fuente del Olvido de 150 euros, con el número de registro 53924/2008.*

*Pero las **multas** le vienen hasta de Cáceres, donde también es buscado para que pague 90 euros por una infracción cometida en 2008, y que con el expediente 2503001 es publicada al menos en dos ocasiones - febrero y agosto- en el BOP de esa provincia, nuevamente ante la imposibilidad de dar con él.*

También es reclamado por el Ayuntamiento de Roquetas de Mar, localidad en la que reside, que el 21 de diciembre publica en el BOP que "no habiendo podido notificar los débitos a los deudores incluidos en la presente relación de descubiertos, así como no haber persona que los represente en esta localidad" recoge el nombre del vicerrector como moroso del Impuesto de Bienes Inmuebles y del Impuesto de Vehículos de Transporte a Motor; ahí se le advierte que si no paga en quince días será embargado inmediatamente.

El 15 de febrero de 2011 el vicerrector vuelve a ser "noticia" en el BOP, donde con similares argumentos - "ilocalizable"- se publican los expedientes 7922892 por una multa en Roquetas de Mar del 4 de febrero de 2009 por valor de 150 euros y que le costó 3 puntos del carnet de conducir (algo que probablemente Guerrero desconozca dada la situación), y otro, el 79226646 por una sanción el 28 de agosto de 2009 por 95 euros.

El 25071/2011 es otro expediente del Ayuntamiento de Almería hecho público mediante edicto, con multa de 90 euros por una infracción cometida el 5 de abril de

2011 a las 18:35 horas, y del mismo modo, y por la misma razón, se notifica al "ilocalizable" vicerrector otra sanción de 90 euros por una infracción cometida el 3 de marzo de 2011 a las 16:50 horas, con el número de registro 16984/2011.

Como el resto de deudores incluidos en la relación publicada en el BOP del día 20, Guerrero o su representantes debidamente acreditados deberán comparecer antes del viernes 5 de octubre en la Dependencia de Recaudación del Ayuntamiento de Almería, al objeto de que se practique la notificación pendiente del doble expediente sancionador número 2010EXP11013871, el cual no coincide con ninguno de los anteriormente reseñados.

Si esa comparecencia no se produce, se entenderán notificados a todos los efectos legales desde el día siguiente al del vencimiento del plazo para comparecer.

Contra los actos de aplicación y efectividad de los tributos y restantes ingresos de derecho público de las entidades locales, sólo podrá interponerse recurso de reposición ante el órgano competente en el plazo de un mes contado a partir del día siguiente en que tenga efectividad la notificación, de acuerdo con lo establecido en el artículo 14.2 del Real Decreto Legislativo 2/2004, de 5 de marzo, por el que se aprueba el Texto Refundido de la Ley Reguladora de las Haciendas Locales.

El vicerrector tenía una semana para saldar sus cuentas con el Ayuntamiento de Almería y evitar el embargo anunciado. ¿Lo habrá hecho?]

ENCONTRAMOS AL DESAPARECIDO

El ex director del Hospital de Poniente Guillermo García Escudero adjudicó en el año 2005 al menos dos obras por el procedimiento negociado y sin publicidad, alegando una "urgencia" no justificada, a juicio de la Cámara de Cuentas de Andalucía.

Sobre este ex directivo de la Empresa Pública Hospital de Poniente, pesa una orden de búsqueda por la propia Cámara de Cuentas, basada en las Actuaciones Previas 191/10, ya que no tiene domicilio conocido, por lo que tuvo que recurrir a publicar esta citación en el Boletín Oficial de la Junta de Andalucía. El hecho es que acabamos encontrando a esta persona "desaparecida" ya que trabaja en una de la misma empresa pública de la Junta de Andalucía a la que fue trasladado cuando le destituyeron de la responsabilidad al frente del centro hospitalario.

En el informe de la Cámara se cuestionan varios contratos adjudicados por procedimiento negociado y sin publicidad -es decir, de modo directo- alegando una urgencia que no era tal.

El expediente 18/05"Construcción de un forjado para la cocina del CHARE del Toyo", se tramita por el procedimiento negociado sin publicidad y por vía de urgencia, acogiéndose al artículo141.d del TRLCAP. El contrato se adjudica a la empresa con la que la Junta de Andalucía tiene contratada la obra de construcción del CHARE del "Toyo", con carácter de obra complementaria.

Esta fórmula es utilizada ante la necesidad de disponer, en el CHARE, de una cocina no contemplada en el proyecto y al no hacerse cargo la Junta de Andalucía de su coste.

La urgencia estriba en el interés de tenerla construida antes de su inauguración.

Por consiguiente, con independencia de que no se considera razonable el motivo de su urgencia, se incumple la LCAP, al tramitarse como obra complementaria de la principal, no habiéndose promovido la principal por la EPHPA.

Asimismo, el expediente 38/05"Obra de cafetería del CHARE del Toyo", se tramita por el procedimiento negociado sin publicidad y por vía de urgencia, amparándose en el artículo 141.b del TRLCAP.

La cafetería sería explotada por la empresa Aramark, empresa que tiene a su vez encomendada la prestación del servicio de dietas de pacientes en el hospital de "Poniente de Almería". Dicha explotación se le confía a raíz de una modificación del contrato de servicio de dietas, pero además se le encomienda la construcción de las infraestructuras necesarias de la cafetería.

Al ser insuficiente la aportación de Aramark, el hospital decide intervenir adjudicando este contrato a Euroline, empresa que ya había sido contratada por Aramark. El importe de la adjudicación asciende a 241,10 m€.

En resumen, el expediente considera como objeto del contrato la realización de las obras de construcción de la cafetería, obras que ejecuta una determinada empresa por encargo de la explotadora del servicio de cafetería. En consecuencia, en ningún caso se debió tramitar este expediente como contrato de obra negociado sin publicidad. En cuanto a la vía de urgencia, esta no se encuentra acreditada.

Tanto el TRLCAP como sus normas de desarrollo establecen cauces de actuación muy amplios. En este sentido, para los procedimientos negociados sin publicidad el número de empresas a las que se les debe solicitar ofertas no será inferior a tres, siempre que ello sea posible.

Las Actuaciones Previas 191/10 por las que está en búsqueda este ex directivo, se hacen "en cumplimiento de lo previsto en el artículo 47.1.e) de la Ley 7/1988, de 5 de abril". Este artículo dice lo siguiente: "Liquidación provisional del alcance, previa citación de los presuntos responsables, Ministerio Fiscal, Letrado del Estado o, en su caso, legal representación de la entidad perjudicada, con mención expresa de la clase de valores, efectos o caudales públicos que pudieran haber sufrido menoscabo".

El escrito firmado por el Secretario de Actuaciones Previas, Carlos Suan Mejías y la Delegada Instructora, Margarita Regli Crivell, concluye con la advertencia de que "que se hace público para que sirva de citación a la persona indicada en el encabezamiento, con la advertencia de que, en caso de no comparecer a las presentes actuaciones previas, éstas seguirán su curso, debiendo soportar el incomparecido los perjuicios legales que ello le conlleve".

Según el informe completo elaborado por la Cámara de Cuentas y que fue debatido en la Comisión de Salud, este director hizo que un médico lograra ganar 229.000 euros en un sólo año, algo que no le parece razonable a los auditores, que además destacan que se trata de personal facultativo cuya relación con la empresa y funciones vienen establecidas por contrato de alta dirección, y no se someten a convenio. Curiosamente este asunto no salió en el debate plenario.

A pesar de que las sucesivas leyes de presupuestos y, en concreto, la del Presupuesto para el 2005 (artículo 15.3), establecen que: "Las empresas de la Junta de Andalucía deberán recabar informe previo a la firma de cualquier acuerdo relativo a retribuciones y demás mejoras de las condiciones de trabajo del personal dependiente de las mismas". Y añaden que: "Serán nulo de pleno derecho los acuerdos adoptados en esta materia con omisión de los informes previstos en este artículo, así como.....", la Cámara de Cuentas destaca que "No se ha obtenido prueba alguna de dichos informes, ni de que se haya informado al consejo de administración de los citados acuerdos.

En ese mismo sentido añade que "No consta en los acuerdos la definición, unidades de medida y cuantificación del concepto de "módulo" de actividad complementaria" y concluye que "tras su petición por parte de este órgano de control, en reiteradas ocasiones, se obtuvo un documento sin fechar, firmar, ni validar".

Este jugoso acuerdo comenzó durante el ejercicio 2004, cuando el director gerente y el director del área integrada de gestión de diagnóstico por imagen (DAIG) firman varios acuerdos, que tendrían efectos en el 2004 y 2005, por los que se retribuyen, mediante un concepto denominado "Actividad complementaria", diversas actividades cuyos fines eran "Atender las derivaciones hospitalarias hasta 31 de diciembre de 2004 o hasta la contratación de un radiólogo".

Dicha actividad se realizará por el DAIG, con un máximo de 30 módulos al año y una compensación económica de 240,40€ por módulo, lo que suponía más de 7.200 euros al año de sobresueldo.

Asimismo, se firmó otro acuerdo con el objeto de asumir la actividad correspondiente a las funciones del déficit de plantilla y como incentivo al cumplimiento de objetivos. Esta actividad se realizaría por el DAIG, debiendo cumplir las funciones de dos facultativos especialistas y, fundamentalmente, el estudio y lectura de mamografías diagnósticas y radiologías telemandadas, por lo se establece una compensación económica de 3.365,67€ al mes, lo que se camufla como "Complemento de actividad", y que suponía más de 40.000 euros extra cada año.

Durante el ejercicio 2005, se firmaron, por las mismas personas que lo hicieron en el ejercicio anterior, otros acuerdos de actividad complementaria, que se extendían al CHARE "El Toyo". Dicha actividad se realizaría por el DAIG en los días salientes de guardia, en turno de mañana y tarde. Este acuerdo se rescinde el 5 de octubre de 2005, en las mismas fechas en las que García Escudero es destituido de la dirección de la empresa pública Hospital de Poniente.

Para este nuevo acuerdo se establece idéntica compensación económica que en los anteriores.

Hasta el 31 de diciembre de 2005, se han mantenido vigentes los acuerdos de 2004 modificados y complementados con los acuerdos del 2005.

Los acuerdos del 2005 no establecen límites ni cantidad de módulos a realizar en el ejercicio.

Tampoco se ha facilitado la documentación (informe, acta, etc.) que explique, razone y justifique, cualitativa y cuantitativamente, la compensación económica de 3.365,67 € mensuales del "Complemento de actividad", recogido en el último acuerdo de 2004 y abonado al DAIG hasta el 30 de septiembre de 2005.

Aun cuando los acuerdos de "actividad complementaria" no mencionan su aplicación a otro personal que no sean los facultativos especialistas del área, ni el convenio colectivo 2001-2004 de aplicación en el 2005 contempla la regulación de este concepto, se han obtenido certificados de actividad complementaria realizadas por técnicos especialistas en radiodiagnóstico (TER), por los que se les abonan 120€ por módulo realizado.

La compensación económica por la realización de guardias médicas remotas, a que se refiere en el último acuerdo del ejercicio 2005, se aplica desde principio del mes de septiembre y no desde el 16 de dicho mes, fecha en que tiene lugar la firma del acuerdo y surte efectos.

El DAIG, los días 20 de cada mes, remite a la dirección médica el certificado de los módulos realizados por cada facultativo especialista para la elaboración de la nómina. Dicho certificado incluye también los módulos realizados por el propio DAIG.

Según la Cámara de Cuentas, "ello ha supuesto que el DAIG haya concentrado diversas funciones y actividades (jornada ordinaria, guardias, turnos de mañana y de tarde, etc.) reservadas a más de un facultativo, cuyo número de horas de dedicación podría ir en detrimento de la calidad del servicio, además de poner en riesgo el acierto de los informes y el diagnóstico de los resultados en los estudios". "Como consecuencia de ello las retribuciones del 2005, abonadas al citado facultativo, han superado el importe íntegro de 229 m€" concluye el informe en este caso.

La Cámara de Cuentas, en un escrito remitido a este medio señalaba que "en relación con el procedimiento de localización de las persona citada en su artículo, la Cámara de Cuentas se ciñe de manera estricta, y como no podría ser de otra manera, a la normativa vigente, y más concretamente a la ley 30/1992 de Régimen Jurídico de las Administraciones Públicas y del Procedimiento Administrativo Común a efectos de notificaciones cuando la persona interesada sea desconocida, disponiendo la citada Ley que la notificación se hará por medio de anuncios en el Boletín Oficial de la Comunidad Autónoma."

El 15 de junio de 2011 en el Boletín Oficial de la Junta de Andalucía se hacía pública la búsqueda de Guillermo García Escudero, quien fuera en 2005 director del Hospital de Poniente, y lo hacía "dado que no se ha podido localizar el domicilio" que ocupa. Pues bien, si la Cámara de Cuentas no daba con él, Noticias de Almería sí lo hacía, descubriendo que esta persona sigue trabajando para esta misma administración, en concreto resulta ser el director en Málaga de la Empresa Pública de Emergencias Sanitarias 061, a donde llegó precisamente desde el cargo anterior.

Es decir, que localizar el domicilio de uno de los directivos de la Junta de Andalucía cuando se trata de poner en su conocimiento una notificación basada en un informe de la Cámara de Cuentas sobre su gestión del Hospital de Poniente, y por la que se le pide una liquidación provisional, resulta imposible para esta institución.

[Fue esta otra de esas informaciones que se han reproducido una y mil veces en otros medios de comunicación digitales, y en algún caso han hecho el esfuerzo de buscar fotos de esta persona y aportarlas.

No es la primera vez que la sorpresa nos invade al descubrir cuan difícil resulta para las administraciones encontrar a personajes públicos, y lo fácil encontrar a los ciudadanos anónimos. No hay que recordar el caso de Juan Antonio Segura Vizcaíno, parlamentario del PSOE, a quien en la sede socialista lo calificaron de "desconocido" cuando le llegó una citación judicial.

Como señalábamos, tras publicar la primera noticia sobre la búsqueda de esta persona, la Cámara de Cuentas nos mandaba una nota en la que pretendía decir que eso era el trámite habitual y que por tanto no había nada de excepcional. Efectivamente no es excepcional que se acuda al BOJA para anunciar la búsqueda de alguien incurso en un procedimiento judicial, pero no se puede negar que si se trata de una persona que ha ocupado un alto cargo en la administración andaluza pues es más llamativo, y si además resulta que sigue trabajando para ella, la cosa es todavía más sorprendente.

Como la Cámara de Cuentas no agradeció nuestro trabajo de búsqueda -limitándose a remitirnos el escrito que comentábamos anteriormente justificando el sistema utilizado- desconocemos si finalmente lo utilizó para localizarlo, o si prefirió seguir esperando.

Para lo que sí sirvió esta noticia, es para que un anónimo comunicante que me atrevería a decir que era el propio buscado o alguien de su entorno más próximo, nos pusiera sobre la pista de una trama bastante interesante sobre la que estuvimos trabajando algún tiempo, pero que hay que reconocer que por su complejidad dejamos aparcada. Eso sí, en los últimos meses de 2011 se ha hablado y escrito mucho de algunos de sus integrantes en otros medios.

Pero desde luego no es el único caso en el que los desaparecidos no son tal, y es que también publicamos en exclusiva que quien había sido presidente de los empresarios de Almería (Asempal) y máximo responsable de una cadena de supermercados -entre otros negocios- estaba "desaparecido" para la Justicia. Miguel Uribe, con domicilio conocido, con fotografías en prensa de modo periódico, era imposible de localizar para los Tribunales que debían comunicarle sentencias de lo social.

Y qué decir de otros ilustres "desaparecidos" a los hicimos aparecer en nuestros titulares, como la Empresa Pública del Suelo de Andalucía (EPSA), a quien se le reclama en el Boletín Oficial de la Provincia el pago de más de 600 recibos -básicamente de IBI- porque no tiene domicilio conocido a pesar de que es de la Junta de Andalucía y quien se lo reclama es la Diputación.]

RAFAEL M. MARTOS
MÁS ALLÁ DEL CEMENTERIO AZUL
Un relato de supervivientes

Rafael M. Martos
Bandera de la infamia
Verdades y mentiras sobre la imposición de la bandera de la provincia de Almería

almería
crónica 2013
rafael m. martos
noticiasde
almeria
.com

Disponible en
amazon